中国语言与符号

语言与符号 （第7辑）

Language & Sign

主　编　王铭玉

副主编　田海龙　王　军　王永祥

北京航空航天大学出版社

BEIHANG UNIVERSITY PRESS

图书在版编目（CIP）数据

语言与符号. 第 7 辑 / 王铭玉主编. －－北京：北京
航空航天大学出版社，2021.9
ISBN 978－7－5124－3603－9

Ⅰ．①语⋯　Ⅱ．①王⋯　Ⅲ．①符号学－研究　Ⅳ．
①H0

中国版本图书馆 CIP 数据核字（2021）第 192040 号

语言与符号. 第 7 辑

责任编辑：李　帆　王　素
责任印制：秦　赟
出版发行：北京航空航天大学出版社
地　　　址：北京市海淀区学院路 37 号　（100191）
电　　　话：010－82317023（编辑部）　　　　010－82317024（发行部）
　　　　　　010－82316936（邮购部）
网　　　址：http：//www. buaapress. com. cn
读者信箱：bhxszx@ 163. com
印　　　刷：北京九州迅驰传媒文化有限公司
开　　　本：787mm×1092mm　1/16
印　　　张：8.5
字　　　数：186 千字
版　　　次：2021 年 9 月第 1 版
印　　　次：2021 年 9 月第 1 次印刷
定　　　价：49.00 元

《语言与符号》编委会及编辑部成员

目　　录

i

名家序语

中国符号学人王铭玉
——《符号学论略——镂金文集》

胡壮麟

中国逻辑学会符号学专业委员会主任委员、中国语言与符号学会会长、天津外国语大学前副校长王铭玉教授撰著的《符号学论略——镂金文集》已由北京大学出版社初步完成排版工作，我有幸先于他人阅读全书并向铭玉祝贺，当然最后应诺尽快为本论著写上几句。

种种原因，我们这两代人走在一起了。

正如铭玉所言，改革开放成就了他的"三书"人生，即"读书，教书，写书"。① 我没有机会调研铭玉在完成"三书"上的具体经验，但他所说的"写书"据我了解已有40多部（包括专著、编著、译著、教材、词典等）。单就符号学而言，已有《语言符号学》《符号学研究》《符号语言学》《现代语言符号学》《符号学思想论》5部。② 那么，我的情况呢？一个20世纪70年代初已步入40岁中年的我竟然回归母校北京大学任教。到1978年也得益于改革开放，以45岁高龄考取教育部派遣中青年教师出国进修的名额，次年1月去澳大利亚悉尼大学语言学系进修，学习了韩礼德（M. A. K. Halliday）的"系统功能语言学"，回国后从事语言学的教学和研究，只是那时我还没有铭玉那"写书"的豪言壮志。

最重要的机遇是"语言符号学"的研究使我们两代人有了直接接触。1993年，我在北京大学英语系担任两届系主任卸任后不久，中文系比较文学研究中心乐黛云主任突然找上门，劝说我代表北京大学给苏州大学准备成立的中国语言与符号学研究会担任"名义上的会长"，具体事务仍由苏州大学实施主责。事后了解，1993年前后苏州大学为了成立中国符号学会，想挂靠在北京大学比较文学研究中心。乐黛云主任给苏州大学提出两个条件，一是筹建中的"中国符号学会"改为"中国语言与符号学会"，因为符号学研究要结合包括中文和外文在内的"语言"才可获得北京大学校领导和上级单位批准；其次会长由北大派遣，不然难以向上级解释这个学会与北大的关系。③ 我接受此

---

① 王铭玉，改革开放成就我的"三书"人生，《往事历历40年回眸：知名外语学者与改革开放》，上海：上海外语教育出版社，2018年。
② 王铭玉、李经纬主编，《符号学研究》，北京：军事谊文出版社，2001年；王铭玉，《语言符号学》，北京：高等教育出版社，2004年；王铭玉、宋尧，《符号语言学》，上海：上海外语教育出版社，2005年；王铭玉等，《现代语言符号学》，北京：商务印书馆，2013年；王铭玉等，《符号学思想论》，北京：商务印书馆，2021年。
③ 胡壮麟、吕红周，发展与展望——中国符号学研究今昔谈——北京大学胡壮麟教书访谈录，《语言文化研究辑刊》，2016年8月31日。

任务后，匆忙准备了"巴赫金与社会符号学"一文，参加了这个学会 1994 年召开的第一次年会。① 就是这个年会，尚处"年轻小伙"的铭玉也参加了，结识了我这个"名义上的会长"。坦率地说，当时我对符号学研究重视不够，满以为自己挂名的任务已经完成，可以不再参加往后的活动了。碰巧 1996 年我在北大退休后出国探亲，没有参加 1996 年在山东大学召开的第二届年会。我在内心深处的想法是，通过逃会给苏州大学提供一个借故改选会长的机会。不料我回国后，铭玉还真的郑重其事地给我提了意见，说由于我没有与会，群龙无首，山东那次会议开得不太成功，这不利于我国符号学研究的发展。在铭玉的开导和支持下，我这个老汉还真的听进去了，此后每次年会我都参加。直到 2016 年 83 岁高龄，征得与会高校同意，经过选举，铭玉当选为中国语言与符号学会的第二任会长。

铭玉当选会长的原因有三：一是他参加了学会的历届会议，而且是全心全意搞符号学研究，是大家公认的、名正言顺的"符号学人"；二是他时任天津外国语大学副校长，他们学校又建有省部级重点人文社科基地"语言符号应用传播研究中心"，带头人、平台、经费等也相对有所保障，便于领导学会开展工作；三是他的年龄优势，继续干上一二十年不成问题。事后证明，他的确不负众望，能与苏州大学、南京师范大学、四川大学、同济大学、上海大学等兄弟院校合作，并且开创性地建立了中国符号学八大基地联盟，共同推动了我国的语言符号学研究。更令人钦佩的是，我在本序一开始就提到铭玉的"中国逻辑学会符号学专业委员会主任委员"这个头衔，不论是"符号学专业委员会"，还是"主任委员"，对外语界搞学术研究的教师，特别是搞语言符号学的教师来说，都是望而止步的。看来当初我和与会者把铭玉选为第二任会长确是英明之举。

《符号学论略》一书厚达近 500 页，其内容非三言两语说得清楚。何况本人水平有限，难以深入评述。这里，我只能谈谈自己粗略阅读本书后所感受到的十个特色。

——正如《符号学论略》这个书名所展示的，铭玉对"语言符号学"的研究已跳入"符号学"这个更高端更广泛更全面更理论化的领域，其内容除语法学外，主要涉及符号学概论、符号学理论阐述、符号学应用研究和符号学评介四个方面。特别要指出的是，对每个领域，铭玉不是写一两篇文章或综述交差了事，他对各个领域能做到从不同方面深入分析。这就是说，每个领域都分为 6～10 个专题讨论。最令人兴奋的是，他竟然实现了苏州大学当初试图成立"中国符号学会"的远大理想。看来北京大学比较文学研究中心当时的思想有些保守了。

——铭玉对符号学的研究能密切结合先走一步的语言学研究，特别是他的文章"语言学在新世纪的八大发展趋势"，深入探讨了包括符号学在内的有关学科的未来走向，如从微观研究走向宏观研究，由单一转向多元化，从系统转向应用，从描写转向解

---

① 胡壮麟，巴赫金与社会符号学，《北京大学学报》，1994（2）：49－57。

释，从结构转向认知，从静态转向动态，由分析转向综合，由模糊转向精确（56～93页）。这些趋势，对于学术界如何进一步深入研究符号学和语言学指出了前进方向，起到了引领作用。

——作为中国逻辑学会符号学专业委员会主任委员和中国语言与符号学会会长，铭玉从各个方面论述了中国符号学研究的成果，如他论述了符号学思想并非西方文化所独有（9～10页），中国古代已出现有关符号概念的讨论，如易学、名学、训诂学、汉学、佛学等（94～97页）；不仅是古代，当代中国学者对现代符号学研究也有巨大成绩（16～38页）。像金克木、李幼蒸、张杰、丁尔苏、赵毅衡、郭鸿、王寅、张德禄、乐眉云、王立非、徐盛桓、何自然、顾嘉祖、王福祥、文旭等学者的大名不时出现。

——铭玉对中国符号学研究的成果和国际地位能做出鼓舞人心的评价。如他划分中国现代符号学研究的三个发展阶段中，第三阶段始于1994年，这一年正好是中国语言与符号学会成功召开第一次年会的时间（25～38页，94～102页）。在此基础上，铭玉令人兴奋地，也是令人心服口服地指出，除英、法、俄外，中国正在迈向世界符号学研究的第四王国（19～20页）。

——铭玉的研究明显地呈现出如下一个优势，他打破了包括符号学在内的学术研究中英语独霸天下的局面。在我国高校的外语院系，人们都会发现，除了文学、文化和编辞典外，语言学学术研究队伍的构成一般以英语为主，因为国际上主要的学术专著和期刊基本上都是英语的。铭玉以自己的行动改变了这个偏见。他是学俄语的，因此除了通过第二外语（英语）掌握材料外，他提供了较多的俄语学者的科研成果，包括第一手的俄语语料（39～55，258，337～347，434～436页）。回想当年我写有关巴赫金的文章时，我只能依赖来自英语的第二手材料。

——铭玉对各种学术理论能采取以理服人的正确态度。在介绍符号学理论时，对结构主义、形式主义、功能主义均能介绍（67～69页）；在讨论标记理论时介绍了布拉格学派的功能主义理论和乔姆斯基的形式主义的理论（349～368页）；在探索语言符号象似性时，既有认知心理学理论，也谈功能语言学理论（292～328页）。这完全符合我的导师韩礼德先生的"适用语言学"的观点，即不要轻易肯定一派，否定一派，而是根据研究目标、方法、条件和效果等多种客观指标进行评价和选择，有时可对有关理论进行融合。

——在符号学研究中，铭玉善于运用多种研究方法。如上所述，他在介绍中国符号学研究时提到了13种符号学研究的依归，他把马克思主义的唯物辩证法放在最后——第13种。这里，铭玉毫无轻视之意，他想表达的是这是他最后找到的最有效的方法。他说，"马克思主义与符号学的关系表现在方法论上，即从马克思主义基本理论方法的历史性维度出发，可以对结构主义符号学共时性方法通过理性的审视或颠覆性的消解，同时，通过对符号学实践差异性以及符号批判对象及关系的辨析和梳理，可以扩展马克思主义批判理论研究的视野，丰富马克思主义符号学的发展。"（97页）在具体操作上，铭玉在全书中贯穿了"二元对立"的思想（348页），如聚合与组合的对立（258页），形式与语义的对立（263，286 页）等。上面谈到的语言学发展的八个趋势，实际上也是立足于二元对立的思想观点。

——北京大学校领导在提升教师职称时，明确规定"教学，科研，社会工作"三个条件并重。谁在三个方面都能做出成绩，谁就能优先被提拔。对此，我总有一个错误认识，觉得"社会工作"太占时间，还会得罪人，因此经常规劝有的教师，"你好好搞你的教学和科研，不要抢着当这个'长'，那个'主任'，你不是当领导的料。"我的一位学生还曾专门研究分析我的科研成果，并介绍给他同学或其他中青年老师，说："胡老师的文章大部分是退休以后写的。"如今，铭玉以他的实际行动纠正了我的错误想法。他既能当好领导，也能搞好教学和科研。希望铭玉能多多介绍这方面的经验。至少最近我的一个学生给天外杂志写了一篇稿子，我想通过铭玉这位副校长了解评审结果，他干脆拒绝了，说他不插手他人的工作。我在微信中赶紧用手指点上"明白"二字圆场。

——我注意到铭玉不单自己从事符号学研究，也能培养和支持他的学生和中青年学者的成长。我最熟悉的有吕红周，他 2016 年曾来京采访过我有关符号学研究的情况。除与铭玉经常合作外，他本人在 2014 年出版了专著《符号·语言·人：语言符号学引论》（431～433 页）。另一位年轻学者贾洪伟至少有 3 部符号学译著是铭玉写的序，如《符号学与翻译问题研究——以皮尔斯符号学为纲》《翻译符号学初探——格雷译文选译》《哲学实效论与翻译符号学》（440～449 页）。本书中还提到王清华的《俄语功能语法理论及研究》（434～436 页），张凤的《文本分析的符号学视角》（437～439 页），以及他和王双燕合写的"论说《符号学思想论》"（473～478 页）。长江后浪推前浪，我总感到铭玉扮演了双重角色，既是后浪，也是前浪！

——同时，铭玉为《符号学论略》的编著方式给我们提供了一个新的出版形式，那就是他将有关符号学的数十篇论文细心加工成专著形式，步步深入；按五大章的主题收录作为具体章节的论文，主题明确；个别章节如有合著者，在文后都列上大名。估计没有多久，将会有学者研究"出版符号学"了！

浏览全书之后，我问铭玉为什么书名的副标题为"镂金文集"，他说他在博士毕业之时，其导师李锡胤先生亲自为他题字"铭玉镂金"四字致贺，勉励学生科学研究要毕生"精益求精"。铭玉始终不忘先辈教诲，不仅把恩师的墨宝挂在家中，还铭记在心中，并取"镂金"二字为书名以示对导师和学术的尊重。我认为，这是一个好学生的应有之举。

最后，值此牛年春节，容许我给铭玉及全国符号界同仁拜年！祝中国的符号学事业蒸蒸日上！

胡壮麟
北京大学外国语学院
2021 年 2 月春节

《语言的轻声细语》之《导读》

张智庭

罗兰·巴尔特离开我们40余年了。他生前为法国、也为人类留下了宝贵的丰富文化遗产。法国色伊（Seuil）出版社从1993年开始连续三年曾为其出版过三卷本的《全集》（*Œuvres complètes*），2002年在做出修订的基础上，又改为五卷本出版。后者合计4500多页，若翻译成汉字，初步估算有400余万字，而我则有幸成为他大约130余万字著述的译者。对于他著述的翻译和在两种文字之间的穿梭与推敲，让我加深了对于巴尔特思想和其符号学主张的理解，并在此基础上大大帮助和强化了我对于巴尔特所处时代和文化背景的把握。所以，我要向巴尔特致敬，并为自己在译介巴尔特著述方面的付出感到慰藉。

这部《语言的轻声细语》是巴尔特去世之后由其好友哲学家弗朗索瓦·瓦尔（François Whal）选编并于1984年出版的，也是其"文艺批评文集"的第四部，亦即最后一部。据我所知，这一部书是巴尔特生前正式发表过的文章汇编本最后被译成汉语的书籍（不可否认，巴尔特还有一些正式发表过的文字至今并未被成集出版）。这部书，内容丰富，虽然被细分为七个部分，但大体上都不离开"文本"这个中心，其在相关方面的思考大部分也是围绕着这一概念展开的。笔者拟依据自己的理解对于这一方面做些概要介绍，以助力读者更好地阅读本书。

我们还是从这本书的书名说起。这本书采用的是巴尔特1975年写的一篇序言的标题。该文一上来就说："言语是不可逆的……已经说出的，是不能改口的，除非是扩增……我称之为'说话拖泥带水'。说话拖泥带水……它既不真正地处在语言之中，也不脱离语言：它是一种言语活动的声音。"就是这么一小段"开场白"，便把巴尔特终生竭尽全力阐释的索绪尔结构语言学理论中关于"言语活动"（langage）、"语言"（langue）和"言语"（parole）三者之间的关系一并清晰地说了出来。按照索绪尔的理论，语言是一套形式、一套规则，而言语则是个人或一个团体对于这一套规则的使用。说"言语是不可逆的""拖泥带水"，显然是指个人说话的线型特征，指的是在说话的过程中会带进各种观念，我国有学者现在将"言语"翻译成"言说"；说言语"既不真正地处在语言之外，也不能脱离语言"，显然是指言语不能脱离作为规则的语言，现在有学者将语言翻译成"语言规则"；那么，将两者合在一起，即依据一定的规则在说话、在写作的，就是言语活动，它是直接呈现的事实，现有学者将其翻译成"语言系统"。通常，人们在说话或写作时，都不会注意可作这三个方面的考虑，但正是这种划分导致了语言学理论的重大变革。笔者在翻译这部书之初，也曾考虑过是否采用后来的译名，但最终还是保留了高名凯先生翻译的索绪尔《普通语言学教程》中的术语译名，因为这些译名已经出现在不少语言学教科书中，而且我此前翻译过的巴尔特的书籍均采用这些译名。虽然采用新的译名有其更为明确之处，但在某些话语场合即语境之中又不是很适宜，包括在这一本书中也是如此。那么，"语言的轻声细语"是什么意思呢？巴尔特在此以机器的运转状态为例，指出机器运转不佳就是说话中的"拖泥带水"，而"机器的良好运转状态表现在一种音乐存在状态中则是：涓流声声"。说得直白一些，就是当说出的话完全符合各种语言规则的时候，那就会有其声声涓流。但是，按照作者的阐释，说话"拖泥带水"是一种常态，而"涓流声声"只能是一种"乌托邦"式的追求，是一种难以达到的境界，对此，文中做了理据充分的说明。但，这一书名似乎是在暗示我们，书中各篇无不是在为追求语言的"涓流声声"而做出的种种努力。不过，这并不意味着"语言"这一名词在书中都是指"语言规则"这个概念，它有时也返回到其在日常生活中的意义，即"日常说话"。在这个时候，它就是指"自然语言"，例如汉语、法语等，笔者在译文中对于这两种情况都有所注释。

这本书所选文章时间跨度很大，最早是 1964 年发表的，最晚是 1979 年发表的。在这 15 年光景中，巴尔特接受了来自多位结构论学者的研究成果和多种文本理论的影响，他系统地阅读过美籍俄裔语言学家雅各布森（Roman Jakobson，1896—1982）的书籍，他接受了后者六种语言功能之说和"诗学功能"就在于强调讯息自身的论点；他赞赏法国语言学家本维尼斯特（Émile Benveniste，1902—1976）对于"主体性"和"陈述活动"的论述；他在《外国女人》一文中也介绍了茱莉娅·克里斯蒂娃（Julia Kristeva）带给法国符号学研究的新气象，并在此基础上建立起自己关于"文本理论"的符号学思考，等等。因此，要介绍巴尔特关于"文本"的理论，必然会与其他学者的思想或理论有所联系和比较。

我在见到这本书中出现的巴尔特《从作品到文本》（De l'œuvre au texte，1971）一文之前，一直秉承的是巴黎符号学派即格雷马斯（A. J. Greimas，1917—1992）的观点，认为"文本指一种被看作先于对其分析的单体"[①]，也就是说，文本就是已经存在于分析者面前的一种客观对象。不仅如此，格雷马斯的"叙述符号学"（sémiotique）在进行话语分析时，包含着对于句法和语义的全面分析。由于这种看法在我头脑中由来已久，所以，在我看到巴尔特有关文本的观点时颇感意外和震动。

《从作品到文本》一文中对于"作品"与"文本"做了出人意料的界限清晰的划分。所谓"作品"，就是通常可以摆放在书架上的"书"，这似乎很好理解；而对于"文本"，他只承认"在一部非常久远的作品中，可以有'某种文本'，而很多当代文学的产品根本就不是文本"。他又说："文本只有在一种工作之中、一种生产活动之中才

---

① A. J. Greimas & J. Courtés, Sémiotique. dictionnaire raisonné de la théorie du langage, Paris, Hachette, 1993, p. 390.

被感受得到它的构成性运动是横穿""文本依靠符号来探讨、来感受""文本的场域是
能指的场域……文本并非多种意义的同时存在，而是多种意义的路过和穿越……实际
上，文本的多重性并不依赖于其内容的含混性，而是依赖于我们可以称之为它的被编织
了的那些能指的立体平面式多重特征（从词源学上讲，文本就是一种编织）"。说来也
巧，根据我国学者屠友祥先生的考证，汉语中的"文"字，也是"编织"的意思，所
以他把巴尔特的《文本带来的快乐》（*Le Plaisir du texte*）一书就翻译成了《文之悦》，
这似乎可以大大有助于我们对于"文本"的理解。至于写出文本的作者，巴尔特认为
"书写文本的'我'，从来也不过是一位纸上的'我'"。"有关文本的话语其自身只应
该就是文本，就是对于文本的寻找和研究工作，因为文本是这样的社会空间，它不躲避
任何言语活动，哪怕是外部的言语活动"。综合起来，巴尔特的"文本观"有以下几个
层次：一、"文本"并非以"分析对象"出现的，它是方法学的承载事实；二、"文本"
是"在一种工作之中、一种生产活动之中才被感受得到"的存在，也就是说它是一种
动态的可感事实；三、巴尔特坚持"文本的场域是能指的场域"，也就是说对于文本的
研究，只需依靠能指在文本中的多重性而不涉及所指，只需依靠表达平面而不过问内容
平面；四、至于文本的作者，"从来也不过是一位纸上的'我'"。简言之，巴尔特回避
了把文本整体地看作是分析对象的问题，而是直接就把文本可提供的分析内容看作文
本，并且这种文本概念不涉及语义和写作主体。也许，正是因为巴尔特的这种特殊的思
考，我一遍又一遍地阅读其这一文章和相关文章，努力地挖掘其深在的道理。

笔者认为，从符号学的研究角度来讲，巴尔特的论点不无一定道理，因为符号学本
身就是对于构成文本的各种形式进行研究。结合该文章发表的年代（1971），我将其看
作是巴尔特对于文本符号学研究的新的思考阶段，或者将其看作是他1973年写作重要
文章《文本理论》（《Théorie（du texte)》）的前期准备。他在这后一篇文章中更为明确
地指出："文本是以内在性的方式得到研究的，因为禁止对于（社会学的、历史学的、
心理学的）内容和决心的任何参照；不过，它也是以外在的方式得到研究的，因为就
像不论什么实证科学那样……它服从于对于一位学者主体的有距离的监督……文本自身
也是位于言语活动视角之中的一种言语活动片段"，他赞同茱莉娅·克里斯蒂娃的相关
定义："我们把文本确定为一种跨语言机制，该机制在一种针对直接的信息的交流言语
与各种先前的或共时的陈述语段之间建立关系的同时，重新分配语言的顺序。"① 搞符
号学研究，寻求在某一个方面有所突破，是允许的，也是常见的。我们只能在不同学派
之间比较的基础上做一下评价。我认为，相对于当时已经存在的巴黎符号学派的观点，
这个时期的巴尔特的论述只集中在了能指方面，没有涉及对于内容平面即语义逻辑的形
式研究，这是明显的不同。这与他最初写作《符号学基础》时引述丹麦语言学家叶姆
斯列夫（Louis Hjelmslev，1899—1965）有关表达平面与内容平面之间表现关系时的观

---

① Rloland Barthes, *Théorie（du texte)*, in Œuvres complètes, IV, Paris：Seuil, 2002, pp. 446 – 447。

点有所脱离，但与他 1968 年写作的同样被收录在这部书籍之中的《作者的死亡》一文是一脉相承的。

巴尔特在《作者的死亡》中认为，作者再一进入写作就会"死亡"，这是长时间以来搅动我们大家视线和让我们对于这种提法多少有所不解的地方，也促使我较早地将这一文章翻译成了汉语①。但是，我们在了解了巴尔特对于文本的上述基本主张之后，也许就可以知其大概了。巴尔特在这一篇文章的开始处就指出："其实在的原因便是，书写是对于任何话音、任何起因的破坏。书写，就是使我们的主体在其中销声匿迹的中性体、混合体和斜肌，就是使任何身份——从书写的身体的身份开始——都会在其中消失的黑白透视片"，随后便"只有言语活动在行动，在'出色地表现'，而没有'自我'""言语活动认识'主语'，而不认识'个人'"。他紧接着说："一件事一经讲述——不再是为了直接对真实发生作用，而是为了一些无对象的目的，也就是说，最终除了象征活动的练习本身，而不为任何功用——那么，这种脱离就会产生，话音就会失去其起因，作者就会步入他自己的死亡，书写也就开始了。"他举出马拉美、瓦莱里和普鲁斯特的写作例子，他说"马拉美的全部诗学理论都在于取消作者，而让位给书写"，他说瓦莱里"不曾停止过怀疑和嘲笑作者，他强调语言学本性"，说普鲁斯特"明显地以极端精巧的方式竭力打乱作家与其人物之间的关系：他不使叙述者变成曾经见过、曾经感觉过的人，也不使其变成正在书写的人，而是使之成为即将书写的人"；他还从"陈述活动"概念方面找到了依据："陈述活动在整体上是一种空的过程，它可以在不需要对话者个人来充实的情况下就能出色地运转：从语言学上讲，作者从来就只不过是书写的人"。笔者认为，巴尔特的这一论述，比起也在本书见到的其 1969 年写作《关于一本教材的思考》一文时的观点，更进一步脱离开了内容平面。他当时说，作者"在其中只不过是一种经过；一位作者为讲述一个故事或仅仅是为陈述一个文本可以将自己置身于其中的各种观点"，这就是说，作者从写作文本开始就已经转换成其他身份而融于文本之中了，但无可否认的是作者并没有因此而消失。那么，作者做了怎样的转换呢？后来的研究告诉我们，"作者可以是叙述者……实际上，通常出现的叙述者就是装扮过的作者，而各种人物则是被分散的作者"②。不过，身处这一阶段的巴尔特对此并无更多的阐述，他有关文本的理论似乎就到此停住了。让人不无遗憾的是，他虽然两次写过《我为什么喜欢本维尼斯特》（1966，1974），但他未能更为深入地在本维尼斯特"主体性"的三种"模态"（想要、能够、应该）方面有任何发展。在这一点上，格雷马斯的理论就有了明显的优势：他与弗朗索瓦·拉斯捷（François Rastier）一起阐述的"符号学矩阵"很好地奠定了文本语义分析的逻辑框架，他建立的"行为者模式"的六位行

---

① 见拙译《罗兰·巴特随笔选》，百花文艺出版社，1995 年 3 月第一版，第 300—307 页。
② 若赛特·雷伊−德博夫 ［Josette Rey-Debove］：《符号学词汇》（Lexique sémiotique, Paris：PUF, 1979, p. 16）。

为者（actant）与五个模态动词（想要，能够，应该，懂得，认为）的结合，就很好地说明了作者转换成分出现的各种状况（尽管也不是对于"作者"的直接分析），也使得陈述活动之"空"具备了一定程度的充实。我在想，如果有学者想尝试将符号学分析与传统的（历史的、社会的、生平的）文学批评进行某种结合的话，也许就是在这里可以找到突破点。概括来说，巴尔特的"作者的死亡"之说，有其一定的道理，但它不考虑语义（意指）变化和作者的各种转换呈现，又不能说不是一种欠缺。

那么，既然"作者"已经"死亡"，文本的"主体"又该是谁呢？巴尔特在《作者的死亡》一文结尾处告诉我们："读者的诞生应以作者的死亡为代价来换取。"笔者认为，巴尔特有关"阅读"的论述堪称精彩。这本书第六部分《阅读》中包含 14 篇文章，其中有两篇文章是只谈阅读本身的：一篇是《书写阅读》（1970），另一篇是《谈阅读》（1976）。在前面文章中，巴尔特首先指出，"几个世纪以来，我们过于对作者感兴趣，而根本不考虑读者"，而阅读"便是让我们的身体来工作"，"我们一边阅读，一边也就将某种姿态印记在文本上了，而且，正是为此，文本才是有生命力的"；在第二篇文章中，巴尔特指出，阅读的主体是读者，于是便出现了被阅读的对象与读者各个方面的"相关性"（pertinence）问题，随后，全篇文章便展开了对于这种"相关性"的论述，让我倍感新颖和颇获收益。我们在巴尔特的这种论述中，看到了来自"接受美学"和符号学两个方面的影响。

以上是这篇"导读"的主要内容，除此之外，笔者需要指出，巴尔特在本书不同文章中，一般使用自索绪尔延续而来的 sémiologie 一词来定名符号学，但也在下面几种情况下使用了 sémiotique 一词：他 1970 年为克里斯蒂娃的《符号学：符义研究》一书的出版而写的《外国女人》的文章就使用了这个名称，因为克里斯蒂娃本人多使用 sémiotique 一词——不过，在巴尔特看来，克里斯蒂娃的"符义分析（sémanalyse）的意义"，就是"半—符号学、半—精神分析学的意义"（见本书《米什莱在今天》一文），也就是说，是结构符号学与精神分析学相结合的产物；第二次见于他 1979 年为梅斯（Christian Metz，1915—1995）的电影符号学而写的《学与教》一文，也是因为梅斯自己多用这个术语；但，他在 1971 年写的《作者、知识分子、教授》一文中，则是他为定名一种"新的符号学"也使用了 sémiotique 一词，这是很有意味的，他说"正是在反对乔姆斯基心理主义（或人类学主义）的过程中，一种新的符号学（sémiotique）在寻求建立"（当然，巴尔特在这之后的文章中，也还有过使用这一名称的例子）。笔者认为，这一方面是因为国际符号学学会（AIS 或 IAS）于 1969 年在巴黎成立而采用 sémiotique 名称之后，sémiologie 和 sémiotique 两个术语经历过一段短暂的等值互用时期；另一方面，也正像对于法国符号学颇有研究的美国学者汤姆斯·布罗登（Thomas Broden）教授所指出的那样，此时的巴尔特采用 sémiotique 名称，也许是表明其向后来坚持使用 sémiotique 的格雷马斯靠拢（不可否认，格雷马斯也曾在早期个别地使用过 sémiologie 一词），原因是他们两个人曾经是多年的老朋友，但却从 20 世纪 60 年代以来在研究方法和使用哪一个名称方面互不相让，而此时的后者也连续发表了几篇在思考方式上并不特别严格的和属于审美方面的文章，并以《论不完善性》（*De l'imperfection*）为书名出版，算是表明两人在思想和研究方法的接近和纪念他们之间的友情①。

总之，这本书的内容是丰富的。读后、译后受益匪浅。但，我在这里愿意转述一下法国符号学界对于巴尔特符号学思想和法国符号学整体情况的看法：巴尔特的著述对于深化文化层面的符号学认识是非常重要的，所以他仍然拥有众多读者，他的书依旧大量再版，但在当下的法国，"叙述符号学"（sémiotique）已是法国符号学研究的主流，而且是符号学理论众多新课题采用的名称，它有望在综合各方面研究成果的基础上，发展成为自立的普通符号学。

感谢中国人民大学出版社的信任，也期待专家和读者的不吝指正与批评。

张智庭
2021 年 2 月 5 日
于南开大学西南村宅内

---

① 相关内容，请见笔者发表于 2020 年秋季号《符号与传媒》上的文章《话语符号学：从韩蕾〈论巴尔特〉谈起》。

理论研究

超符号话语及其语象关系方式

孟 华

摘 要：超符号是"后"语言符号时代的话语范式。这种话语消解了语言符号与以视觉象符为代表的非语言符号之间的边界，使这两类原本不相互通约的符号实现了跨符号联结，实现了话语的双重编码思维：在观看中言说，在言说中观看。超符号话语既非纯粹的看亦非纯粹的思，而是一种处理思与看的关系方式。

关键词：超符号话语　语符主导　象符主导

1 "话语" 符号学的两种范式

"话语" 这个概念涉及两种符号学范式：

一是形式主义范式的话语，如话语被理解为由语句、篇章、言谈、文本等形式化的符号表达单位，它自足地进行意义分析和生产而与外部世界无关。"形式，即无须借助于任何语言之外的前提便可被语言学加以详尽、简明与连贯（认识论的标准）描述的东西。"（巴尔特，1999：30）在形式主义话语强调同质的语言文本系统内部对意义的自足生产性，而排斥 "语言之外的前提" 那些与在场的说话者有关的心理、物质、社会等实体外在因素。

二是现象学范式的 "话语"，"意味着一个说话者的在场"（高概，1997：2），话语不再自说自话，而总是与说话者、与身体、与在场相关。现象学话语与符号的实体性有关，"实体，是所有那些不借助于语言之外的前提就不能被描述的语言现象。"（巴尔特，1999：30）

笔者曾看过一本书，作者说圣经中的伊甸园就在 "天府之国" ——我国的四川盆地（胡太玉，2002）。他的主要依据是《山海经》中的文字描述与圣经中对伊甸园的描述相似，当然作者还援引了其他相关的文献资料。显然，作者关于伊甸园在四川的推论，属于形式主义甚至是传统文献考据学的话语范式：结论和真相产生于话语文本自身的内循环。

话语的现象学范式可以德国考古爱好者亨利·谢里曼为例。他自小熟读古希腊荷马史诗，并深信荷马的每句话，认为通过发掘就能找到荷马史诗《伊利亚特》和《奥德赛》中所列举的城市的遗址。在他经商积累的财产达几百万时，于 19 世纪 70 年代开始了对荷马史诗中的特洛伊城的考古发掘。最终，他在不同地层上发现了不同时代的特洛伊遗址，最底层的特洛伊 I 可追溯到大约公元前 3000 年，比荷马史诗所描述年代的特洛伊 VI （公元前 13 世纪）还要早得多。（兹拉特科夫斯卡雅，1984：22）

伊甸园的证明者运用的是书证的方法——通过书写的文献材料去推论事实的存在；而特洛伊的证明者使用的是由书证而物证的方法，最终让人们目睹事实的存在。（孟华，2010：3）"由书证而物证"的过程就是话语实现"在场"的过程：话语（书证）、表达者及其身体（考古者）、物证的共同在场，体现了现象学的考据范式。

2 超符号话语总是需要在场或被需要在场

本文讨论的超符号"话语"属于现象学范式：话语总是需要在场或被需要在场。

"需要在场"，指话语总是与某个情景物相联结。谢里曼通过阅读荷马史诗所激发的考古行为就是一种让符号在场化的冲动，在他眼中，史诗不仅是在阅读而更需要观看，他把纯阅读的荷马史诗变成了笔者所谓的"成像文本"——以在场性观看为目的的阅读文本。结构主义的文本阅读是一个句号，它无须与外部世界关联而自行生成意义，现象学的文本或话语是一个逗号，它需要一个在场的说话者和情景物来共同完成话语的表达，站在特洛伊废墟上的谢里曼，就充当了《荷马史诗》文本话语在场性的执行者。

"需要在场"也相当于语言哲学中的指称单位，它一方面需要在概念水平上把握对象，譬如我们没见过袋鼠这种动物，却在概念上理解"袋鼠"这个对象；另一方面指称又"保留了实指法的机制，即与所指称的对象有直接的经验联结"，（奎因，2005：107）譬如目睹一只袋鼠。"实指法的机制"即我们需要面对一个实物来充实指称符号，这是"需要在场"含义：一种话语或指称不仅在概念水平上概括了所指对象的一般特征，同时还需要唤出指称对象的出场，让符号"与所指称的对象有直接的经验联结"。网购可能是这种"需要在场"的指称活动的典型案例，人们并不满足于用鼠标在屏幕上对商品的指指点点，其最终目的是要通过这种指称活动让快递员把选定的商品送到手上。

"被需要在场"，指情景物或在场物总需要被话语灵魂附体。任何一物必须成为可言说、被指点、被解释之物，必须有话的参与和在场，物才能进入人的世界。或者说，事物的显象——物向人类显现它自身的过程必须要有语言或话语的参与。我们相信，谢里曼的考古过程绝不仅仅与物打交道，《荷马史诗》始终与整个考古的过程产生互动，特洛伊遗址被《荷马史诗》灵魂附体。谢里曼把纯观看的特洛伊遗址变成了可以被话语言说之物，笔者称为"物语"① ——可被言说的凝视物。

"物语"或可被言说的凝视物是命名性的。与指称相反，命名过程中词语后于物的

---

① "物语"这个概念来源于笔者在2008年的贵州文学人类学年会上发表的论文中的"物语"这个术语。指出在物语写作里"物和书写、物和语言的关系发生了颠覆"。物语写作"就是让实物自己说话，让写作成为物语的工具，让书写的法则服从于物的法则"。孟华在第四届"文学人类学年会"会议（贵阳，贵州民族学院2008年11月30日）上的发言稿：《从"词语·术语·物语"三种写作方式看人类学写作》。

显现或在场，即我们凝视一个对象而产生命名或言说它的过程。在物语或命名中，话语是"被需要在场"的，后于物的出席。卡西尔在《人论》中记叙了盲聋哑儿童海伦·凯勒的一个命名事件，当海伦用杯子在水管的喷口下接水时，老师在她的手上写 water（水）这个单词，这个词与涌到她手上的冰凉的水联结在一起，使她明白一个道理，"凡物都有一个名称"（卡西尔，1985：43、44），这标志着她真正进入一个人的世界：人所面临的万物都是有意义、被命名、被语言灵魂附体"物语"。或者说，物总是通过语言来显示自己的存在。

任何人类的物质实践活动都离不开话语（狭义的言说和书写）的参与，我们所目睹所经历的一切被话语灵魂附体之物或事件，都是一个物语，一个被话语当下言说或隐性解释了的凝视物，一个视觉性意符或象符。物语总是面临或隐含着一个观看者、物的操作者、阅读者或言说者。日本学者松浦弥太郎在《恋物物语》一书里，描述了各色各样的生活"物语"，其中《多用途方巾》（松浦弥太郎，2016：14）一文，作者追忆一位美国朋友从脖子上解开方巾铺在草地上请作者坐下。事后作者喜欢上了方巾，也买了一条随时围在身上以备不时之需。这篇短文中，方巾成了"物语"，作者没有概念化地讲述"友爱"，而是让物（方巾）出场讲述着自己的故事。但没有作者话语的参与，方巾也不过是冷冰冰的一个物质元素，一个失去意义的功能性日用品。

3 超符号话语中的语符和象符

这就是超符号话语：面对物的时候物需要语言的灵魂附体，物成为具有某种成言性的物语或象符；面对语言的时候语言需要物的出场或显象，语言成为具有指物性或成象性的语符。

因此，超符号话语是成言性的象符（如物语）和成象性的语符相互建构之物。

作为超符号性的象符，它不是纯粹观看或直觉之物，它总是指向语言，总是借助语言来完成自身。当海伦感知到涌到她手上的冰凉的水继而明白了其名称和意义（water水）的时候，她不再是单纯感知事物，而是同时在命名和阅读这个世界：如赵毅衡所言，物成了"携带意义的感知"（赵毅衡，2011：1）。象符包括物象（实物的形象，如物语）、图像和语象（通过语言产生可视性的物象或画面的效果，如诗如画），这三种象符都通过可视性的方式与人的在场性身体经验关联。在中国的象符传统中，物必吉祥，画必写意，诗必象喻，字必会形，都是携带意义的视觉性象符或超符号。在《多用途方巾》中，为我们显示的是语象性物语：人们仿佛不是在听作者诉说，而是在观看：饱含温情的方巾通过语言在向我们显象，向我们显示曾经有过的生活场景。方巾作为一种物语，这里是通过语象（语言营造的视象）而非物象来言说、来携带意义。超符号的象符，其本质是成言性问题：物借助语言向人显示它自身。如王阳明的"意之所在便是物"，其物已不是脱离语言的外部客观物质世界，而是被"事亲、事君、仁民"这类传统话语隐性书写之物语。

语符在超符号话语的格局中也不再是脱离在场的纯粹意义世界，语言也总是与在场关联，这种"在场"可以是物象性的，也可以是图象性或语象性的在场。"无印良品"是一个日本杂货品牌，在日文中意为无品牌标志的好产品，让产品自身的优质形象赢得消费者而非标志、广告、代言人之类的外在语言手段。当然"无印良品"并非拒绝品牌或语言的传播，只不过是让语言成为让物自我显象的手段。作为一个语符性品牌，"无印良品"倚重的是消费者对物的直观和体验所产生的信赖感非单纯的语言传播——这是物象性在场。"荷生绿泉中，碧叶齐如规"（张华：《荷诗》）中的"碧"字，本义是一种青色的美玉，在诗中以玉隐喻荷叶之青色，抽象的颜色词被赋予玉的物象而"与'物'本身保持关联"（徐平，2006：2），而造成一种可视可感的在场效果——这是语象性在场。

广义的语符包括了口语、书写文本、其他语言替代品如手势或具有象形字性质的图象、图标（如表情包、商标）等。在谢尔曼眼中，《荷马史诗》不是一个纯粹的阅读文本，而是具有成象性的语符，一个超符号。从《荷马史诗》的阅读到特洛伊遗址的发掘，语符实现了自己的指物性和成象性。作为超符号的语符，总是通过与物的在场性关联而实现自身。这不同于索绪尔意义上的语符，后者与在场无关，是在词语自我循环的抽象语义世界中完成指称的。人类早期的象形符号如苏美尔的陶筹、古埃及的标签性象形字，这些符号总是和标识的物品在一起而实现语符的在场性关联。中国古代的甲骨卜辞、青铜铭文也在某种程度上与在场的仪式事件（占卜的、祭祀的）紧密关联——它们不是纯粹的阅读文本而是具有指物性的语符。这类语符我们今天仍在广泛地使用，如标签、说明书、解说词、导游文本、影视脚本、设计文案，等等。

4 超符号话语的方式：语符主导和象符主导

超符号话语是多重异质符号之间相互过渡、跨界的现象。语符和象符是人类符号的最基本类型，因此典型的超符号是语象关系建构之物。

我们在上文已经讨论了超符号话语的语象合治性：语符不再是纯粹的倾听或阅读，它同时走向观看、走向成象和指物；我们也把这种具有成象和指物性的语符叫作"语象"。象符不再是单一的观看，它同时也是携带意义的感知，走向阅读、言说或成言；我们也把这种具有言说和指成言性的象符叫作"象语"。进一步说，"语象"指语符中包含着象符，但由语符主导；"象语"指象符中包含着语符，但由象符主导。语符或象符都是一个语象关系共建之物，任何一个异质符号都不再独善其身而需依赖一个他者实现自我。

虽然把超符号话语定义为语象共建之物，但我们更关注超符号话语的语象关系方式：语符主导还是象符主导。

  首先，我们从内涵性超符号的角度考察语符主导和象符主导。所谓内涵性超符号，指符号内部隐含了语象二元异质关系。如汉字"家"，甲骨文写作✿，这两个会意字都有视觉形象，都是语象会合之物：以房子里有猪（豕）的语象或图像表示汉语"家"的概念。但甲骨文✿由象形字或象符构成，从认知顺序上说先感知图像后理会语言，是象符主导的"象语"；方块字"家"图像性消失，抽象化为两个语符（"宀"和"豕"），两个语符会合联想而产生"房子里有猪"的意念形象即语象，这个语象在认知顺序上后得于语符，因此是先语后象，是语符主导的"语象"。当然，象符主导还是语符主导是相对的，对比项的位置决定符号的性质。倘若方块汉字的"家"与"鸟"做对比项，前者的字面义具象性更强是象符主导，后者虽然依稀保留着象形字✿（鸟）的痕迹，但基本上演化为一个抽象概念的记号，是语符主导。"丝绸之路"与"一带一路"也是两个语象合治的物语超符号。但二者的话语方式不同："丝绸之路"是古代连接中国腹地与欧洲诸地的陆上商业贸易通道，是人类文化的交流物语符号，一个象符。"丝绸之路"的名称则是历史叙事和命名的产物，是先象后语的象符主导模式。"一带一路"同样是人类文化交流的物语，但它产生于顶层设计的中国方案，由一个语言性文本先导，因此是语符主导的"先语后象"的话语模式。

  关联性超符号是由象符和语符并置融合而成。古汉字的形声字是典型的关联性超符号。裘锡圭认为"最早的形声字不是直接用意符加音符组成，而是通过在假借字上加注意符或在表意字上加注音符而产生的。"（裘锡圭，1988：151）这段论述就涉及了形声字中存在象符主导还是语符主导的问题。

  象符主导的"象语"："在表意字上加注音符"。如"鳳"和"鷄"甲骨文象形字都像"鸟"的字形，为了区分二者，便分别在象形字（意符）旁边加了音符"凡"和"奚"，而构成了形声字，见下图：

  凤：（象形字）、（形声字）

  鸡：（象形字）、（形声字）

  这是一种以语定象或象符主导的符号化方式，主要意义在象符，语符充当了对象符的区分、界定、说明的作用。

  语符主导的"语象"："在假借字上加注意符"。这类形声字是"由一个语根作声符，而加上一个形符来作分别的，主要的意义在声符"。"假如有一条河叫作'羊'，一个部落的姓也叫作'羊'，一种虫子也叫作'羊'，古人就造出从水羊声的'洋'，从女羊声的'姜'，从虫羊声的'蜂'……又如：目小是'眇'，木末小是'杪'，水少是'浅'，贝少是'贱'。"（唐兰，2000：86）

  显然，作为河名、族姓、虫名的"羊"是一个假借字，即语符。为了区别这个多义假借字，汉字社会就在声符"羊"旁边，加注了意符（也叫形符）"水""女"

"虫"，分别以语象或意象的方式补充说明失去视觉理据的声符。这种语符主导的模式也叫"以象定语"。

关联性超符号中象符主导的以语定象（象语）和语符主导的以象定语（语象），至今仍是非常普遍的超符号化方式。

象符主导的以语定象：

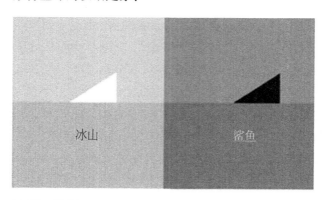

（来源：网络）

两个分别代表冰山和鲨鱼的图形，被语言界定后获得了自己的区别性。

语符主导的以象定语：

（引自@求是设计会）

语符"修"包括修长、修理、修行等多重含义，经过象符（礼拜的形象）的界定说明，凸显了其"修行"的含义。

其他如绘本和连环画也都是语象关联的超符号。相对而言，绘本是象符主导，语符服从于象符的叙事；传统的连环画是语符主导，图像服从于文字的叙事。

20

5 结语

　　超符号是"后"语言符号时代的话语范式。这种话语消解了语言符号与以视觉象符为代表的非语言符号之间的边界，使这两类原本不相互通约的符号实现了跨符号联结，实现了话语的双重编码思维：在观看中言说，在言说中观看。超符号话语既非纯粹的看亦非纯粹的思，而是一种处理思与看的本源性符号关系方式。

参考文献

［1］〔德〕恩斯特·卡西尔．人论［M］．甘阳译．上海：上海译文出版社，1985．

［2］〔法〕高概．话语符号学［M］．王东亮编译．北京：北京大学出版社，1997．

［3］胡太玉．破译《山海经》［M］．北京：中国言实出版社，2002．

［4］孟华．字本位和逻各斯中心主义两种证据观及其历史演变［J］．北京：证据科学，2010（3）：329－339．

［5］〔法〕罗兰·巴尔特．符号学原理［M］．王东亮译．北京：生活·读书·新知三联书店，1999．

［6］〔美〕W．V．O奎因．语词与对象［M］．陈启伟，朱锐，张学广译．北京：中国人民大学出版社，2005．

［7］裘锡圭．文字学概要［M］．北京：商务印书馆，1988．

［8］〔日〕松浦弥太郎．恋物物语［M］．叶韦利译．北京：新星出版社，2016．

［9］唐兰．中国文字学［M］．上海：上海古籍出版社，2000．

［10］〔美〕徐平．"物"与"意符诗法"［J］．涂险峰译．武汉：长江学术，2006（2）：50－60．

［11］赵毅衡．符号学原理与推演［M］．南京：南京大学出版社，2011．

［12］〔苏〕兹拉特科夫斯卡雅．欧洲文化的起源［M］．陈筠，沈徽译．北京：生活·读书·新知三联书店，1984．

Trans-sign Discourse and Its Mode of Word-Image Relations

Meng Hua

(Ocean University of China)

Abstract： Trans-sign discourse paradigm is that of the post linguistic paradigm era. Within this paradigm of discourse, the demarcation between verbal and non-verbal signs

21

(mainly visual signs) is eliminated, two incommensurable types of signs are combined, and the discourse of dual codification is realised: Speaking while watching and watching while speaking. Trans-sign discourse is neither pure watching nor pure thinking but a way dealing with the relationship between thinking and watching.

Keywords: Trans-sign Discourse; Dominance of word; Dominance of image

作者简介

孟华，男，中国海洋大学文学与新闻传播学院，教授，硕士。主要研究方向：汉字符号学。

论"文"概念的超符号性

牛月明　王鑫羽

摘　要："超符号"指的是言、文、象融于一身的"符号综合体"。从中国文论的角度来看,"文"概念的意指不仅包括文字,还包括以礼乐为主的其他意指方式,"文"是与"超符号"具有高度内在同一性的一个概念,通常也可以作为"符号"概念的本土表述。本土的文学观把文学看作"文之学",其核心是沟通外显的文章礼乐,这种沟通外显的功能具有鲜明的超符号性。洋化文学观把文学看作"语言的艺术",遮蔽了本土"文"概念的超符号性,其末流使我们当下的"文学教育"狭窄化。研究挖掘"文"概念的超符号性,可以深化超符号研究,为解决融媒体时代"文学教育"狭窄化问题提供学术支撑与学理启发,对洋化文学观具有纠偏意义。

关键词："文"　概念　"超符号"

　　"超符号"作为一种对语图融合意指方式的认知与命名,是一个比较新近的概念,它基于对汉字的符号学分析,认为汉字一手抓着语言,一手抓着图像,是一个超符号系统。因此,孟华教授认为"超符号"指的是言、文、象融于一身的"符号综合体"。"超符号"观提倡"中性""合治",用异质符号之间的超级链接取得更好的表达效果,"与文学理论中的'出位之思'近似"①。从中国文论的角度来看,"文"的意指不仅包括文字,还包括以礼乐为主的其他意指方式,"文"是与"超符号"具有高度内在同一性的一个概念,通常也可以作为"符号"概念的本土表述。洋化文学观把文学看作"语言的艺术",本土的文学观把文学看作"文之学""文与学""文或学",主要指以"文"为对象的学问。由于对"文"的理解认识不同,古典形态的中国文学涉及范围领域也有极大差异,小到纹理文字,中到文章礼乐,大到天文水文,具有巨大的阐释空间,远非今天作为学科与课程的"中国古代文学"可比,其核心是沟通外显的文章礼乐,这种沟通外显的功能具有鲜明的超符号性。研究挖掘"文"概念的超符号性,可以深化超符号研究,为解决融媒体时代"文学教育"狭窄化问题提供学术支撑与学理启发,对洋化文学观具有纠偏意义。

---

① 参见"汉字的意象性:面对汉语的无声性和面对图像的有声性",《华夏传播研究》(第三辑),20200807,144—156页;"传媒文化转型下的汉字符号与符号学",《传播符号学访谈录:新媒体语境下的对话》,蒋晓丽、赵毅衡主编,四川大学出版社,2017,184—203页。

1 形声采饰为文（修饰人、物、声音、文字、语言的符号）

甲骨文中的"文"字，与"人"字相近。金文中"文"字，有的像人身上有花纹。据文字学专家的意见，"文"为"象正立之人形，胸部有刻画之纹饰，故以文身之纹为文"（徐中舒，1989：996）。"文，即文身之文，像人正立形，胸前……即刻画之文饰也。"（朱芳圃，1988：67）

"文"首先是对文身形象的象形。

文身作为人类文化的一部分，古今中外皆有所见，有纪念性的、有激励性的、有展示性的，有宗教禁忌的；有的用于防病祛灾，有的用于标示身份，有的用于美化自己，有的用于吓唬敌人……风俗各异，目的不同，很难一概而论，有人认为文身是原始仪式（礼）中按照氏族部落观念对身体进行的装饰，尚需资料证实。但无论如何，其中一定不乏在自然基础上作用于视觉美感的人工采饰。

商周时期，"文"多用于人名，是否与其人有文身相关已不可考，但也已开始有采饰的衍生义，如"厥贡漆丝，厥篚织文"（《尚书·禹贡》）；"西序东向，敷重底席，缀纯，文贝，仍几"（《尚书·顾命》）。春秋战国时期，"文"的采饰义就更加普遍，孔子以文为言饰："言之无文，行而不远。"（《左传·襄公二十五年》）；《乐记》以文为声饰："文采节奏，声之饰也"；道墨法三家以采饰之"文"为批评对象，道尚自然，反对文饰；墨家尚用，主张"先质后文"；法家反对"以文害用"。《释名·释言》中说："文者，会集众彩以成锦绣，会集众字以成辞义，如文绣然也。"刘师培据此认为"文以藻缋成章为本训"。

在采饰的意义上，"文"又写作"彣"。《说文解字》说："彣，𢼒也。从彡从文"，段玉裁注："有部曰。𢼒有彣彰也。是则有彣彰谓之彣。彣与文义别。凡言文章皆当作彣彰。作文章者，省也。有彣彰谓之彣……凡言文章皆当作彣彰。"章太炎《文学论略》对此有不同看法"或谓文章当作文彡彰，此说未是。要之命其形质，则谓之文；状其华美，则谓之彣。凡彣者，必皆成文，而成文者，不必皆文彡。"《文学总略》又修订说"夫命其形质曰文，状其华美曰彣，指其起止曰章，道其素绚曰彰，凡彣者必皆成文，指其起止曰章，道其素绚曰彰，凡彣者必皆成文，凡成文者不皆彣。"也是在采饰的意义上，往往文、章并举。《左传·昭公二十五年》曰："为九文、六采、五章，以奉五色。"《周礼·考工记》曰："画缋之事，杂五色。青与赤谓之文，赤与白谓之章"；《荀子·王霸》曰："目好五色而文章致繁妇女莫众焉。"

先秦有"文丽"连用，如《韩非子·亡征》："好辩说而不求其用，滥于文丽而不顾其功者，可亡也"，到汉代"丽"就成了辞赋的重要特征。扬雄《法学·吾子》中说："诗人之赋丽以则，辞人之赋丽以淫。"丽是诗人之赋与辞人之赋的共同特点，丽的本义是偶对，后有美妙、华丽之意。汉赋的堆砌辞藻、铺张夸饰、安排偶句、讲求声韵等，都是"丽"在辞赋中的具体表现，它是文章之士刻意追求的结果，司马相如谈如何写赋时说："合纂组以成文，列锦绣而为质，一经一纬，一宫一商，此赋家之迹也。"

由于辞赋家刻意追求辞藻的侈丽，作品多呈现出铺采摛文、靡丽多夸的特点，所以，在进行辞赋批评时，论者不约而同地注意到了赋的特点。《史记·史公自序》评司马相如赋："《子虚》之事，《大人》赋说，靡丽多夸。"扬雄也认为赋："将以风也，必推类而言，极丽靡之辞，闳侈钜衍，竞于使人不能加也。"（《汉书·扬雄传》）王充《论衡·定贤》："以敏于赋颂，为弘丽之文为贤乎？则夫司马长卿、扬子云是也。文丽而务巨，言眇而趋深，然而不能处定是非，辩然否之实。"

汉代辞赋家对 "丽" 的追求，固化了 "文" 采饰的意义。建安时期，曹丕论诗赋的文体特点说："诗赋欲丽。"西晋陆机谈诗的特性说："诗缘情而绮靡。"绮，一种花纹和色彩鲜丽的丝织品。《说文》："靡，被靡也。""被靡"，又作 "披靡"。据《段注》，"披靡" 为 "分散下垂之貌"，原指旌旗纷纭之状。"绮靡" 在这里指诗之文采缤纷、形式优美、形象鲜丽。刘勰则明确地把 "文章" 的定性与文采联系到一点："圣贤书辞，总称文章，非采而何？"（《情采》）在他看来，"文章" 的称谓，就是因为文采之故，所以，《文心雕龙》十分重视对形式的研究，著作的下半部，专设了《声律》《比兴》《丽辞》《夸辞》《事类》《练字》等篇章，探讨文章彩饰修辞之法。

六朝时的 "文笔之辨" 使以形声采饰为文的观念得以流行。随着各体文章的大量涌现，自然产生了文体的分类问题；曹丕分为四类，陆机分为十类。东汉三国时已有 "文笔" 并称之例，如《论衡·超奇》等。此时 "文笔" 均泛指文章而言。在用 "笔" 指称文章的长期过程中，人们较多地用："笔""手笔" 等，语指章表奏疏之类实用文章，而这类文章大多不押韵，以文笔分指押韵、不押韵的制作，乃是南朝人的习惯用法，但他们使作这对词语并不是十分严格的，并未曾成为具有严格定义的用语。"文" 仍有 "文章" 义，即包括一切形诸文字的新作之意，如：《文心雕龙》之 "文"。也有以 "笔" 称韵文之例。如《文心雕龙·颂游》："相如属笔始赞荆轲。"即使 "文笔" 连用，有时也只是泛指文章制作。并不明显地具有分指两类文体的意义，如《宋书·傅亮传》。最早以 "文""笔" 分指两类文章的是刘宋时期的颜延之，范晔始以有韵为文，无韵为笔。宋齐时以韵区分文笔已成普遍认识。刘勰说："今之常言，有文有笔。"（《总术》）

萧统编选《文选》以是否经过深思、是否综辑辞采、错比文华，作为选文标准。把经书、史书、子书都划到 "文" 的范畴之外。30 卷文章，有文体 30 余种，其中诗、骚、辞、赋四种文体，所占篇幅在一半以上。《文心雕龙》所论文体虽多，但认为最重要的是诗歌、辞赋和富有文采的各种骈散文。《体性》篇论述作家个性与作品风格的关系，列举了 12 人，代表了两汉魏晋各代 "文" 的最高成就。《时序》篇论述历代 "文" 与时世的关系，自先秦至东晋，其中除东汉外，其他各代均以评述诗赋作家作品为主。

到了萧绎，"文"就只限于诗和辞赋了。其《金楼子·立言》说："古之学者有二，今之学者有四。夫子门徒，转相师受，通圣人之经者，谓之儒。屈原、宋玉、枚乘、长卿之徒，止於辞赋，则谓之文。今之儒，博穷子史，但能识其事，不能通其理者，谓之学。至如不便为诗如阎纂，善为章奏如伯松，若是之流，泛谓之笔。吟咏风谣，流连哀思者，谓之文。……学者不能定礼乐之是非，辩经教之宗旨，徒能扬榷前言，抵掌多识，然而挹源之流，亦足可贵。笔退则非谓成篇，进则不云取义，神其巧惠，笔端而已。至如文者，唯须绮縠纷披，宫徵靡曼，唇吻道会，情灵摇荡。而古之文笔，今之文笔，其源又异。"在这里，不仅经、史、子已排除在"文"之外，章奏一类的应用文也被排除。"文"的特征被概括为抒写性情、以情动人；文采华美；讲究声律。这的确是诗赋莫属了。

六朝及唐初骈文大盛，人们极力追求形声采饰，也影响到了一般应用文的语言表达方式，当人们把骈文的形式绝对化，过分追求辞藻华丽、典故堆砌、格律严密时，就会束缚思想的交流，妨碍流畅的表达，形成华而不实的文风，所以，中唐以后，文与道的关系被历代文人特别是文章家所重视，虽然各道其所道，然义"百虑而一致，殊途而同归"。人们不再强调文笔之分。由于唐代诗歌创作极盛，故"诗笔"一语尤为流行。（南朝五言诗盛行，当时即有"诗笔"一名称）唐宋"古文运动"后，无韵之作不再称为"笔"，而称为"文"。"古文"与"诗"成了最主要的两种体裁，人们以"诗文"并称了。"诗文"并称，无形中以"诗文"代替了"诗笔""文笔"（"文"本来可兼指有韵、无韵者），宋代一般人对文笔诗笔之语，已不甚了然。对此，刘师培、郭绍虞、逯钦立、王利器等先生都有文笔论专门探讨。

刘师培认为：宋代以前，"义理""考据"之名未成立，故学士大夫，莫不工文。……至宋儒立"义理"之名，然后以语录为文，而词多鄙倍，至近儒立"考据"之名，然后以注疏为文，而文无性灵。夫以语录为文，可宣于口，而不可笔之于书，以其多方言俚语也。以注疏为文，可笔于书，而不可宣之于口，以其无抗坠抑扬也。综此二派，咸不可目之为文。

尤其至清代乾、嘉以学为文的风气又有了进一步的发展，再加之桐城派理论及创作的巨大影响，"文"观念的辨析又显得必要了，清代冯班、阮元重新提出文笔之辩，意在为骈文争取正统地位，以打击桐城古文派。阮元不满于自唐宋八大家以来，把经、史、子、集统称为"古文"的提法，着眼于改变古文创作中的平直疏浅、音韵失和的习气，针对桐城派雅洁有余、文采不足的创作倾向，以南朝文笔说和《文选》的观点为基础，提出"专名为文，必沉思翰藻而后可也"（《书深昭明太子文选序后》），认为"文"要区别于"笔""言""语"，就应在文韵、偶对和词采方面下功夫。重申萧统"事出于沈思，义归乎翰藻"（《文选序》）之说，阮元作《文言说》，认为"凡文者，在声为宫商，在色为翰藻"，"奇偶相生，音韵相和，如青白之成文，如咸韶之合节，非清言质说者比也，非振笔纵书者比也，非佶屈涩语者比也"。以"用韵比偶，错综其言" 为文的标志, 极力突出文章声韵、辞藻、偶句之美, 向桐城派散文正宗论发起挑战。

清末民初刘师培承乡人阮元一脉, 以 "象取交错, 功施藻绘" 为 "文", 以魏晋六朝作为中国文学发展中心, 以骈文为文章正宗, 标举 "偶词俪语" "于律为进" "沈思翰藻" 的批评原则, 虽表现出反传统的异端色彩和文学独立自律的近代观念, 但因其对文学封域过于片面狭隘, 而遭到章炳麟的批驳。

章炳麟认为 "榷论文学, 以文字为准, 不以彣彰为准。" 一切文字记录都是文学的对象, 他把文学分为 "有句读之文" 和 "无句读之文", 将表谱、簿录、算术之 "演草"、地图之 "名字", 一概纳入文学的范围。

黄侃曾先后问学章、刘, 在《文心雕龙札记》中, 他力图折中二师之说, 提出文辞 "有广狭" "可张弛" 的说法: "窃谓文辞封略, 本可弛张。推而广之, 则凡书以文字, 著之竹帛者, 皆谓之文, 非独不论有文饰与无文饰, 抑且不论有句读无句读, 此至大之范围也" 这是对章太炎的肯定。但黄侃又回护阮氏 "诚有见于文章之始": "若夫文章之初, 初先韵语; 传久行远, 实贵偶词; 修饰润色, 实为文事; 敷文摘采, 实异质言; 则阮氏之言, 良有不可废者。即彦和泛论文章, 而《神思》篇下之文, 乃专有所属, 非泛为著之竹帛者而言, 亦不能遍诵于经传诸子。然则拓其疆宇, 则文无所不包, 揆其本原, 则文实有专美。特雕饰逾甚, 则质日以漓, 浅露是崇, 则文失其本。又况文辞之事, 章采为要, 尽去既不可法, 太过亦足召讥, 必也酌文质之宜而不偏, 尽奇偶之变而不滞, 复古以定则, 裕学以立言, 文章之宗, 其在此乎?"

黄侃看似中庸, 但 "文实有专美" 之言无疑有倾向 "文选派" 之嫌。其后学程千帆以四义概括之, (甲) 最广义: 礼乐 (施之政事), 文章 (施之竹帛); (乙) 较广义: 无句读文, 有句读文; (丙) 广义: 叙事之文、说理之文、抒情之文; (丁): 狭义: "彣彰" (今人所谓纯文学)。(程千帆, 1983: 52)

2 自然外显为文 (外显为物、言、形、声的符号)

《文心雕龙·原道》劈头就说:

文之为德也大矣。与天地并生者何哉? 夫玄黄色杂, 方圆体分。日月迭璧, 以垂丽天之象; 山川焕绮, 以铺理地之形: 此盖道之文也。仰视吐曜, 俯察含章, 高卑定位, 故两仪既生矣。惟人参之, 性灵所钟, 是谓三才。为五行之秀, 实天地之心。心生而言立, 言立而文明, 自然之道也。傍及万品, 动植皆文: 龙凤以藻绘呈瑞, 虎豹以炳蔚凝姿; 云霞雕色, 有逾画工之妙; 草木贲华, 无待锦匠之奇。夫岂外饰, 盖自然耳。至于林籁结响, 调如竽瑟; 泉石激韵, 和若球锽; 故形立则章成矣, 声发则文生矣。夫以无识之物, 郁然有彩; 有心之器, 其无文欤?

许慎《说文解字》释 "德" 曰: "悳, 外得于人, 内得于己者也。从直心"(《卷十·心部》）；"德，升也。从彳，悳声"（《卷二·彳部》），"德"由"行""心""直"三部分组成，《论语·雍也》说："人之生也直"。"直"即正（正当的、合法的）即升（上升的、成长的）。《管子·心术》释"德"："德者，得也"，《释文》释"德"也是："德者，得也"。道的获得即正当性、合法性的获得。"德"是内心的获得与行为正当性的获得。"德"乃行道而得于心，故有"德行""德性"之说。

"文"之德性（正当性、合法性）在于它是道的自然外显。"日月"作为"天"之"文"是天道的自然外显；"山川"作为"地"之"文"是地道的自然外显；"言立"作为"人"之"文"是人道的自然外显；"形""声"作为"万品"之"文"都是道的自然外显："龙凤以藻绘呈瑞，虎豹以炳蔚凝姿；云霞雕色，有逾画工之妙；草木贲华，无待锦匠之奇。夫岂外饰，盖自然耳。至于林籁结响，调如竽瑟；泉石激韵，和若球鍠；故形立则章成矣，声发则文生矣。"万品都以可感可见的"形""声"的方式来显示自然之道，人作为能够"仰视吐曜，俯察含章，高卑定位"的三才之一、五行之秀、天地之心，岂能不以可感可见的"形""声"构成的"文"来显示自然之道？如此，刘勰对"文"之自然外显性能的理解显然有"道法自然"的传统积淀。

《庄子·天下》载："以本为精，以物为粗，以有积为不足，澹然独与神明居。古之道术有在於是者，关尹、老聃，闻其风而悦之。建之以常无有，主之以太一。"太一亦作"太乙"、太易、太恒。天地以前只有太一，马王堆帛书叫太恒，后来今本《系辞传》，把太恒改成太极，可能是因为避讳的缘故，汉文帝，名恒，所以改恒为极。"常"是"道"的存在依据（不生不灭），"无"是"道"的核心，"有"是"道"的表现，而"常""无""有"的统一就是"道"。

首先，道在万物之中（常：恒常不变、不生不灭；"道"是永恒不变的存在。理道：用头脑思考）。《道德经》曰："人法地，地法天，天法道，道法自然。"庄子说："夫道，有情有信，无为无形；可传而不可受，可得而不可见；自本自根，未有天地，自古以固存。神鬼神帝，生天生地；在六极之先而不为高，在六极之下而不为深；先天地生而不为久，长于上古而不为老。"（《大宗师》）

其次，道不可言说（无：没有规定性；无法用语言表达；"道"是无规定性的、超验的、不可言说的存在。说道：用语言表达）。《道德经》开始："道可道，非常道；名可名，非常名。""有物混成，先天地生；寂兮寥兮！独立而不改，周行而不殆，可以为天下母；吾不知其名，字之曰道。"（第二十五章）

再次，道衍生万物（有：在万物中都有表现；"道"是永恒不变的本质存在的终极表现。路道：用脚行走）。《道德经》曰："道生一，一生二，二生三，三生万物。""文"为"道"显，"隐之则为道，布之则为文"（陆贾《新语·慎微》），而道法自然，因此，自然外显为文。刘永济在《文心雕龙原道篇释义》中说：

此篇论"文"源于道之义，既以日月山川为道之文，复以云霞草木为自然之文，是其所谓"道"亦自然也。此义也，盖与"文"之本训遥相吻合。"文"之本训为交错，故凡经纬错综者，皆曰文，而经纬错综之物，必繁缛而可观。故凡华采铺荟者，亦曰文。惟其如此，故大而天地山川，小而禽兽草木，精而人纪物序，粗而花落鸟啼，各有节文，不相凌乱者，皆自然之文也。然则道也，自然也，文也，皆弥纶万品而无外，条贯群生而靡遗者也。

道、自然、文在这里表现出同一性，他们都 "弥纶万品而无外，条贯群生而靡遗"，在这个意义上，"文" 的范围大于今天所谓 "文化" 与 "文明"，与现代语境中的现象、表象、对象、万象、具象相通。所以，唐代张爱宾说："文也者，其道焕焉。日月星辰，天之文也；五岳四渎，地之文也；城阙朝仪，人之文也。"

3 圣人述作、礼乐教化为文（用物、人、言、形、声行教化的符号）

以 "道" 为体，以 "教" 为用，是中国 "文" 论的鲜明特色。

"道" 自然外显为 "文" ——现象、表象、对象、万象、具象，但并非人人都可以通过自然外显的 "文" 来体道、悟道、明道。即便面对相同的 "文" ——现象、表象、对象、万象、具象，由于主体条件的差异，认识的深浅也是会有差异的。那么，什么人能够通过自然外显的 "文" 来体道、悟道、明道以致传道呢？中国古人认为：圣人。与其如此说，或许不如说正因为他们能够通过自然外显的 "文" 来体道、悟道、明道以致抽象出人工取作之 "文" 以传道，他们才被称为圣人。

黄侃的《文心雕龙札记》解释 "自然之道" 说：

案彦和之意，以为文章本由自然生，故篇中数言自然，一则曰 "心生而言立，言立而文明，自然之道也。" 再则曰 "夫岂外饰，盖自然耳。" 三则曰 "谁其尸之，亦神理而已。" 寻绎其旨，甚平易。盖人有思心，即有言语，即有文章，言语以表思心，文章以代言语，惟圣人为能尽文之妙，所谓道者，如此而已。此与后世言文载道者截然不同。

"文" 是道的自然外显，但 "惟圣人为能尽文之妙"。这是因为在传统语境里，圣人与道是相互关联的。"圣人者，道之极也。故学者，固学为圣人也。"（《荀子·礼论》）"圣人也者，道之管也。天下之道管是矣，百王之道一是矣。故《诗》《书》《礼》《乐》归是矣。"《韩非子·解老》说："理者，成物之文也；道者，万物之所以成也。圣人得之以成文章。"《文心雕龙·原道》说："道沿圣以垂文，圣因文而明道"；宋濂《文原》说："吾之所谓文者，天生之，地载之，圣人宣之，类万物而周八极者也。" 这里，我们要追问的是：圣人如何 "尽文之妙"？

首先是仰观俯察自然外显之 "文" ——现象、表象、对象、万象、具象，从中认知 "幽明" "神明"，即体道、悟道、明道。

其次是圣人能够抽象出 "文" 以象征道、传播道。圣人能从自然外显之 "文" ——现象、表象、对象、万象、具象中，抽象出 "文" 以象征道、传播道。所谓

"易更三圣"就是指伏羲氏、周文王、孔子从自然外显之"文"抽象出人工取作之"文"——《周易》，以象征道、传播道的功绩。《周易·系辞上》曰："《易》与天地准，故能弥纶天地之道。仰以观于天文，俯以察于地理，是故知幽明之故。"《周易·系辞下》曰："古者包牺氏之王天下也，仰则观象于天，俯则观法于地，观鸟兽之文，与地之宜，近取诸身，远取诸物，於是始作八卦，以通神明之德，以类万物之情"；"天象""地法""鸟兽之文""地之宜""身""物"作为自然之"文"——现象、表象、对象、万象、具象，都是"道"的外显，但常人未必能够通过这些自然之文通神明之德，类万物之情，包牺氏之所以王天下，是因为他能够从这些自然之文当中抽象归纳出八个基本的卦象，通过卦爻的变动，以通神明之德，类万物之情。

在这时，自然外显之"文"已经过渡到人工取作之"文"了，人们在"文化""文明"的道路上加快了脚步。

再次，圣人不仅能够通过自然外显的"文"来体道、悟道、明道，不仅能够抽象出"文"以象征道、传播道，更重要的是圣人能够以道来治理天下，所谓"王道"就是治理天下之道，它是道在社会制度上的外显（"文"）。"王道"既来源于圣王对自然外显的社会现象、表象、对象、具象（"文"）的观察与理解，也包含圣王对自己观察、理解的抽象与外化，尤其包含圣王对象征智慧的极致运用。

"王道"包括礼乐刑政四个方面，《礼记·乐记》曰："是故先王之制礼乐，人为之节：衰麻哭泣，所以节丧纪也；钟鼓干戚，所以和安乐也；昏姻冠笄，所以别男女也；射乡食飨，所以正交接也。礼节民心，乐和民声，政以行之，刑以防之。礼乐刑政，四达而不悖，则王道备矣。"又曰："是故先王慎所以感之者，故礼以道其志，乐以和其声，政以一其行，刑以防其奸。礼乐刑政，其极一也，所以同民心而出治道也。"参之以《论语·为政》"道之以政，齐之以刑，民免而无耻；道之以德，齐之以礼，有耻且格"，可以发现，《礼记·乐记》只是以"乐"替换成了"德"，《礼记·乐记》礼乐刑政与《论语·为政》礼德刑政其实是一回事。所以，《礼记·乐记》反复申明："乐者，所以象德也"。因此，"王道"中的"乐"，并非单纯的音乐，"道""德"由两词合为一词有其必然。

还有一种更远古的可能，"文""礼"共祀。国之大事，唯祀与戎。祭祀礼仪要体现为祭器的陈列与祭师的活动。祭器的陈列为"礼"，祭师的活动为"仪"。陈列的祭器上会有一些前文字的符号或图案可称为"文"，如《左传·桓公二年》"文物昭德"之"文物"，祭祀礼仪活动中的祭师很可能是有文身之人，祭祀礼仪活动本身也要有尊卑、贵贱之序，故章太炎《国故论衡——文学总略》中说："孔子称尧舜焕乎有文章，盖君臣、朝廷、尊卑、贵贱之序，车舆、衣服、宫室、饮食、嫁娶、丧祭之分，谓之文；八风从律，百度得数，谓之章；文章者，礼乐之殊称也"。《洛诰》就有2例"文"指礼节仪文："王肇称殷礼，祀于新邑，咸秩无文"；"宗将礼，称秩元祀，咸秩无文"。

由此引申，礼乐教化为文。《论语·雍也》篇云："子曰：质胜文则野，文胜质则史，文质彬彬，然后君子。"《论语·颜渊》子贡："棘子城曰：'君子质而已矣，何以文为'？子贡曰：'惜乎！夫子之说君子也，驷不及舌。文犹质也，质犹文也。虎豹之鞟犹犬羊之鞟也。'"在礼乐教化中，君子的"文"（仪态周旋、言谈举止、音容笑貌）就取得了与"质"（内在真实）并列或者更重要的地位。故《左传·襄公二十一年》："不饰无貌，无礼不文""动作有文，言语有章"。在另一种语境，孔子又说："《志》有之，言以足志，文以足言，不言，谁知其志？言之无文，行而不远。"（《左传·襄公二十五年》）钱基博《中国文学史》（1993：23）对此的解释是："时春秋百二十国，孔门弟子三千，所占国籍不少，言语异声，文字异形，如使人人各操国语著书，徵之载记，齐语鲁语，已形捍格，更何论南蛮鴃舌，如所称吴楚诸国。故曰"言之无文，行而不远。"这里的"文"是指对言语异声、文字异形所进行统一文饰和修饰，它需要有文化修养的人来完成。

因此，礼乐教化之文又引申为道德教养和文化修养，或由一定的道德教养和文化修养而表现出来的外在形象（君子）。《国语·鲁语上》："服，心之文也。如龟也，灼其中，必文其外。"《荀子·不苟》："君子宽而不慢，廉而不刿，辩而不争，察而不激，寡立而不胜，坚强而不暴，柔从而不流，恭敬谨慎而容：夫是之谓至文。"《礼记·表记》"君子服其服，则文以君子之容；有其容，则文以君子之辞；遂其辞，则实以君子之德。"《礼记·儒行》："言谈者，仁之文也。"故而，"文"与人文、文化、文明、文字、制度建设、道德建设、文化建设、美感建设等建立了关联。《国语·周语》载单襄公论晋周云："必善晋周，将得晋国。其行也文，能文则得天地。天地所祚，小而后国。夫敬，文之恭也；忠，文之实也；信，文之孚也；仁，文之爱也；义，文之制也；智，文之舆也；勇，文之帅也；教，文之饰也；孝，文之本也；惠，文之慈也；让，文之材也。"正是在文治教化的意义上，魏征才说："文之为用，其大矣哉！上所以敷德政于下，下所以达情志于上，大则经纬天地，作训垂范，次则风谣歌颂，匡主和民。"（《隋书·文学传》）王安石说得更加直接："文者，礼教治政云尔。"（《上人书》）

《礼记·表记》载有孔子对夏、商、周三代的对比分析："夏道尊命，事鬼敬神而远之，近人而忠焉，先禄而后威，先赏而后罚，亲而不尊；其民之敝，蠢而愚，乔（骄）而野，朴而无文。殷人尊神，率民以事神，先鬼而后礼，先罚而后赏，尊而不亲；其民之敝，荡而不静，胜而无耻。周人尊礼尚强，事鬼敬神而远之，近人而忠焉，其赏罚用爵列，亲而不尊；其民之敝，利而巧，文而不惭，贼而蔽。"孔子在《论语·八佾》还说："周监于二代，郁郁乎文哉！吾从周。"《白虎通义》和《史记·高祖本纪》也做过类似的比较，前者云："夏人之王教以忠，其失野，救野之失莫如敬。殷人之王教以敬，其失鬼，救鬼之失莫如文。周人之王教以文，其失薄，救薄之失莫如忠。"后者说："夏之政，忠；忠之极，小人以野，故殷人承之以敬；敬之极，小人以

31

鬼，故周人承之以文。"（《史记·高祖本纪》）他们都把周代社会的特征概括为"文"。

孔子"述而不作"，无论"孔门四科"（"德行""言语""政事""文学"）还是"孔门四教"（文、行、忠、信），"文"都是教述的主要内容。在《论语》的语境中，"文"的意指并不尽相同，但其特点是"文"与"君子"可以互相解释。"文学"与"君子"概念的形成，是孔子对中国文化史的一大贡献。

《中庸》所谓"尊德性而道问学，致广大而尽精微，极高明而道中庸"既是君子的特点，也是孔子意义上"文"人的特点。但孔子为"文"人或"君子"布置了今人看来也许难以完成甚至悖拗的任务：既要掌握传播圣人述作的文献，还要据此践行政治制度与文化系统的建设，实际身份是文献的传承者，角色预期却是修齐治平的帝师。在践行政治制度与文化系统建设时，既要保持主体的真情实感（其末流很可能是权力和利益），还要符合礼乐教化。既要讲究仪式注重外在的形式感，又特别标榜"行""质"的优先地位（至少在口头上）。其末流很可能适用以下词汇：首鼠两端、文过饰非、志大才疏、好面子、重形式。

4 沟通书写为文（汉字六书：语符与象符的跨界）

陆机《文赋》小序云："余每观才士之所作，窃有以得其用心。夫其放言遣辞，良多变矣。妍蚩好恶，可得而言。每自属文，尤见其情。恒患意不称物，文不逮意。盖非知之难，能之难也。故作《文赋》，以述先士之盛藻，因论作文之利害所由，它日殆可谓曲尽其妙。至于操斧伐柯，虽取则不远；若夫随手之变，良难以辞逮。盖所能言者，具于此云。"

在陆机看来，理想的"文"应该"称物""逮意"，而实际上往往很难做到，陆机写作《文赋》就是要通过总结前人经验来解决"意不称物，文不逮意"的问题。钱锺书先生据此指出"文"的"宣内以象外""通意物之邮"的沟通传递性能。

"恒患意不称物，文不逮意。"按"意"内而"物"外，"文"者、发乎内而着乎外，宣内以象外；能"逮意"即能"称物"，内外通而意物合矣。"意""文""物"三者析言之，其理犹墨子之以"举""名""实"三事并列而共贯也。《墨子·经》上："举、拟实也"；《经说》上："告、以之名举彼实也"；《小取》："以名举实，以词抒意。"《文心雕龙·镕裁》以"情""事""辞"为"三准"，《物色》言"情以物迁，辞以情发"；陆贽《奉天论赦书事条状》："言必顾心，心必副事，三者符合，不相越逾"；均同此理。近世西人以表达意旨（semiosis）为三方联系（tri-relative），图解成三角形（the basic triangle）："思想"或"提示"（interpretant，thought or reference）、"符号"（sign，symbol）、"所指示之事物"（object，referent）三事参互而成鼎足。"思想"或"提示""举"与"意"也，"符号""名"与"文"也，而"所指示之事物"则"实"与"物"耳。英国一诗人咏造艺谓，缘物生意（the thing shall breed the thought），文则居间而通意物之邮（the mediate word），正亦其旨。（钱锺书，2001：556—557）

用于沟通的符号（广义的文）有不同的分法，如二分法：听觉符号与视觉符号；三分法：口述符号、书写符号、图像符号等，每一种符号都有其独立存在的价值，并在沟通传达的功能上互补。传统上有"书""名""文""字"之区别，一般来说，称"书"者，乃就文字的"书写"而言，称"名"者，乃就文字的"声音"而言，称"文"者，乃就文字的"形体"而言，称"字"者，乃就文字的"发展"而言。郑玄注有："古曰名，今曰字"，段注有：名者自其有音言之，文者自其有形言之。还有一种说法，春秋时代以前只称"文"，到了战国时代，才开始称"字"，秦灭六国后，在琅玡刻石记功，有"同书文字"四字，以后"文字"连称始盛，又为避与"书籍"之"书""名家"之"名"相混，将"书"或"名"之称法去除了。

陆机所谓的"文"在听觉符号与视觉符号的对待中偏重视觉符号；在口述符号（言语或名）、书写符号（文字）、图像符号的对待中偏重书写符号。口述符号（言语或名）以声音相区别、书写符号（文字）和图像符号都是以形象相区别。并且由于中国文化的特殊性——文学即宜学之文和有文之学即教育（如《文学兴国策》），教育的主要内容不是以口述符号（言语或名）为载体，而是以书写符号（文字）为载体——经书。书写符号（汉字）因其表意而富于意象，书写符号（汉字）影响口述符号（汉语），使口述符号（汉语）富于语象。

西方人认为，文字是对语言的记录，因为他们的文字是拼音文字。但中国文字是富有抽象意象的表意文字，它并不只是对语言的记录，或者说，它一开始根本就不是对语言的记录。这可以从中国文字的起源上得以证实。

除上述"文"本于文身之外，许慎在《说文解字》还引申曰："文，错画也，相交文"。《说文解字叙》又说："仓颉之作书也，盖依类象形，故谓之文。其后形声相益，即谓之字。文者，物象之本。字者，言孳乳而寝多也。"关于汉字的创造，并不止"仓颉造字"一说，还有"结绳""书契""八卦""河图""洛书""图画"等说法，都与语音记录没有关系。

章太炎也许是受西方语言论影响，认为："文字初兴，本以代言为职，而其功用，有胜于言者。盖言语之用仅可成线，喻如空中鸟迹，甫见而形已逝。故一事一义得相联贯者，言语司之。及夫万类坌集，棼不可理，言语之用，有所不周，于是委之文字。文字之用，可以成面，故表谱图画之术兴焉。凡排比铺张，不可口说者，文字司之。及夫立体建形，向背同现，文字之用，又有不周，于是委之仪象。仪象之用，可以成体，故铸铜雕木之术兴焉。凡望高测深，不可图表者，仪象司之。"这与他文字学的功力是相矛盾的，因为先有文而后有字，文与图像相关，而字大多与形声（图像与言语）相关。从"文"的文字学的角度我们看不出文字初兴，本以代言为职的情况，也看不出言语——文字——表谱图画——仪象——铸铜雕木之术之间的线性进化关系。好在他还是意识到了"语言文学，功用各殊"①。正是在这个意义上，章太炎才坚持把文字书写而不是把句读文辞作为"文学"的根基，坚持把文字书写而不是把彣彰作为"文学"的根基，坚持把文字书写而不是把兴会神旨作为"文学"的根基。

其《文学论略》开篇即写道："何以谓之文学？以有文字，著于竹帛，故谓之文，论其法式谓之文学。"《国故论衡·文学总略》开篇也写道："文学者，以有文字著于竹帛，故谓之文；论其法式谓之文学。"其《文学论略》中说："既知文有无句读，有句读之分，而后文学之归趣可得言矣。无句读者，纯得文称，文字语言之不共性也；有句读者，文而兼得辞称，文字语言之共性也。论文学者，虽多就共性言，而必以不共性为其素质。"正是"从其质为名"，坚持文字的书写性质，他才说："故论文学者，不得以兴会神旨为上。"文字著于竹帛，经史子集四库皆文。清末民初学者姚永朴认为：六经按说理、述情、叙事分为三类，是史子之源；史重叙事，子重说理、述情；集是史子之委；兼有说理、述情、叙事三类。民国学者刘咸炘说："凡文字之所载，不外事、理、情三者，记事之文谓之史，说理之文谓之子，言情之文谓之诗"。

许慎《说文解字》将汉字的制造与使用方式分为"六书"，其中象形、指事、会意、形声是造字方式，假借与转注是用字方式。20世纪三四十年代唐兰在《古文字学导论》和《中国文字学》中提出了象形、象意、形声"三书说"；1956年陈梦家《殷墟卜辞综述》提出了象形、假借、形声"三书说"；1998年裘锡圭《文字学概要》将汉字分为表意、形声、假借三类，何九盈在此基础上提出汉字的表达方式可以归为两类，一是造字表达（表意类和形声类），一是借字表达（假借类）。汉字本质上是"意音文字"，一部分有"表意"功能，例如"六书"中的"会意字"；一部分有"表音"功能，例如"六书"中的"假借字"；"形声字"半边表意，半边表音，汉字从古到今都是既表意，又表音。

这样，在沟通符号（广义的文）的使用上，中西分途就越来越明显，中国的"文"在听觉符号与视觉符号的对待中偏重视觉符号；在口述符号（言语或名）、书写符号（文字）、图像符号的对待中偏重书写符号。视觉符号、书写符号（汉字）因其符号化需要对物象进行抽象，因其表意而富于意象，因其影响口述符号（汉语），使口述符号（汉语）富于语象。因此，沟通书写之文与物象、抽象、意象、语象密切相连。

中国文字的象形、表意不仅仅是对物象的概括、抽象和形符化呈现，而且也具有告别蒙昧与被动状态、沟通天地奥秘的功能，所以《淮南子·本经训》说："昔仓颉作书，而天雨粟，鬼夜哭。"然而，任何符号化过程都会对物象的丰富性有所遗漏，任何会意行为都会因主体的前理解不同而具有相对不确定性，而"文"学作为一门术业，

---

① 见《文学论略》，这里的"语言文学"是并列关系，"语言"是与指书写的"文学"并列的口语，在后来的《国故论衡·文学总略》中，他改为"言语文字，功能不齐"，意思就清晰多了。刘师培认为：至宋儒立"义理"之名，然后以语录为文，而词多鄙倍。

就有了出现的理由和存在的合法性。

符号、文学与文论都是有历史的，本土的文学是 "文" 之学（远大于 "语言艺术"），文学教育是化人动心的符号活动；"语言艺术" 既不是 "文学" 的过去，也不完全是 "文学" 的现在，更不应该是 "文学" 的未来。传播新文学（西学从东来）观念者以个人的主观性隐藏于集体主观性/共识之中，又以西方集体主观性/共识的名义在现代社会取得合法性。洋（东洋与西洋）化形态的中国文论成功地把小说（novel）——文学（literature）——艺术（Art）——审美（Aesthetic）的种属关系变成了中国的新传统。不少现当代文论家特别是文学史家已把这种种属关系作为理所当然的前理解或普遍真理接受过来，用以剖析或肢解中国固有的文化，遮蔽了本土 "文" 概念的超符号性，其末流使我们当下的 "文学教育" 狭窄化。研究挖掘 "文" 概念的超符号性，可以深化超符号研究，为解决融媒体时代 "文学教育" 狭窄化问题提供学术支撑与学理启发，对洋化文学观具有纠偏意义。

参考文献

［1］程千帆. 文论十笺［M］. 哈尔滨：黑龙江人民出版社，1983.

［2］钱基博. 中国文学史［M］. 北京：中华书局，1993.

［3］钱锺书. 管锥编［M］. 北京：生活·读书·新知三联书店，2001.

［4］徐中舒. 甲骨文字典（卷九）［M］. 成都：四川辞书出版社，1989.

［5］朱芳圃. 殷周文字释丛（卷中）［M］. 北京：中华书局，1988.

On the Supersignature of the Concept of "Wen"

Niu Yueming   Wang Xinyu

(Ocean University of China)

Abstract： "Super symbol" refers to the "symbol complex" of language, text and image. From the perspective of Chinese literary theory, the meaning of the concept of "Wen" includes not only words, but also other means of meaning mainly based on rites and music. "Wen" is a concept with a high degree of internal identity with "super symbol", which can also be used as the local expression of the concept of "symbol". The native literary view regards literature as "the study of literature", and its core is to communicate with the explicit rites and music, which has a distinctive Super symbol. The westernized literature view regards literature as "the art of language", which covers the supersignature of the local concept of "Wen", and its end stream narrows our current "literature education". The research and excavation of the supersignature of the concept of "Wen" can deepen the study of supersignature, provide academic support and theoretical inspiration for solving the narrow problem of "literature education" in the era of media integration, and have rectification significance for the westernized literature view.

Keywords: "Wen"; concept; "Super symbol"

作者简介

牛月明，中国海洋大学文学院教授。

王鑫羽，中国海洋大学，文艺学研究生。

基金项目

全国科技名词委科研项目（项目批准号：YB2020008）阶段性成果。

象形文字 "融合型意音图组" 中的语象思维

陈永生　陈聪颖

摘　要：象形文字是一种以图记语的符号系统，它把语言与图像、听觉与视觉融合在一起，典型地体现着语言思维和图像思维的矛盾统一。"融合型意音图组"是象形文字系统早期阶段的一个特殊小类，这类图组使音符介入了意符的图像构成，形成了一个"一体性"的"伪图像"。这种造字方法，一方面突出体现了象形文字的语象双重编码性质（亦即视听混合媒介性质），另一方面也反映了作为语言记录的象形文字对图像性的执着。

关键词：象形文字　意音图组　语象关系　汉字符号学

1 引言

1.1 象形文字

这里说的"象形文字"，是指以图符为元符号并可以逐词记录语言的成熟文字系统，如古汉字、古埃及圣书字、古苏美尔文、玛雅文、纳西象形文字等。[①] 象形文字是人类初次面对详细记录语言的任务时，所创造的一种以图记语的符号系统，它把语言与图像、听觉与视觉融合在一起，典型地体现着语言思维和图像思维的矛盾统一。孟华（2017：98 – 117）（2020：144 – 156）的汉字符号学研究，使用"类符号""超符号"等概念来指称象形文字的这种语象浑成关系。

1.2 图符

象形文字有时用单个图符（简称"图符"）记录词语。根据使用原理的不同，图符可分为"意符"和"音符"两个基本类型，意符靠其图像价值表现目的词的意象[②]，例如甲骨文 🜨（合集 5431）[③] "山"；音符则靠其图像价值所隐含的谐音关系表现目的词的读音，例如甲骨文 ⊠（合集 20070），用簸箕的图符（"箕"的上古读音是 $^*k\mrm{u}$）表示有委婉推测意味的语气词 $^*k\mrm{u}$ "其"。[④]

---

① 纳西象形文字虽然一般不逐词记录语言（如在纳西东巴经书中），但是它有逐词记录语言的能力（如在应用性文献中）。
② 这里说的"意象"指词语的语言意义和所对应心象的混合体。
③ 此文所引用的甲骨文字形大多出于《甲骨文合集》，文中统一以"合集+拓片号"的形式标注。
④ 本文所标注的汉语上古音，采用了潘悟云先生的构拟（见"东方语言学网"的"上古音查询"）。

1.3 图组

象形文字有时用图符的组合（简称"图组"）记录词语。根据构造原理的不同，图组可分为"意合图组"和"意音图组"两个基本类型。

意合图组，是意符和意符的组合，方法是根据目的词的所指意象，将几个引导性意符①按照空间位置关系拼组成一个"一体性"画面，作为目的词的书写形式。例如，甲骨文 ◊（合集 12810）"采"，图组配置是意符"爪"（朝下之手形）向下接触意符"枼"（树上有叶片形）。

意音图组，是意符和音符的组合，方法是根据目的词的所指意象选择引导性意符，同时根据目的词的读音选择引导性音符，然后将它们组合起来作为目的词的书写形式。例如，甲骨文 ◊（合集 13560）"室"（*ljig），使用了引导性意符 ∩ "宀"（房子的形象）来提示目的词所指与房子有关，使用了音符 ◊ "至"（*tjigs，箭落地之形）来提示目的词的读音。

1.4 融合型意音图组

意合图组通常致力于构建融合型图像整体，意符之间往往有拼接、交叉等融合性布置，而意音图组则不然，一般将意符和音符离散地并置，保持它们之间的界线。但是，本文要讨论的是意音图组中的一个特殊小类，此类试图将异质的音符融入意符之中，构建一个伪复合图像，笔者称之为"融合型意音图组"。下文将通过古汉字（甲骨文、金文）、古埃及象形文字、纳西象形文字的一些例子，来分析这类意音图组的语象思维机制。

2 汉字融合型意音图组举例

2.1 ⩓ "羌"（*khlaŋ）

该字形见于《甲骨文合集》第 163 号甲骨拓片（后文将用"合集 + 拓片号"形式简称），下部为"人"，头上为羊角之形（人的颈部有时被绳索缠绕，作 ◊②）。许慎《说文》对"羌"的解释是"西戎牧羊人也"。造字者的意图可能是为了展示羌人以羊角为饰，也可能是为了用羊角作为"羊"（读音为*[g]laŋ）的简省来表示读音，还有可能是兼有以上两种目的。笔者相信这是兼有两种目的的精心设计。于省吾（1979：

---

① 这些意符往往已经与某个词语有固定的记录关系，所以同时是具有语音价值的词符。
② 该字形见于《小屯南地甲骨》第 636 号甲骨拓片。

435—43）专门撰文讨论这类字（包括下面的 ![字形] "麋"字），称它们为"具有部分表音的独体象形字"或"独体形声字"。于先生所谈的"独体"实际上就是意符和音符融合在一起，看似一体。

2.2 ![字形] "麋"（*mril）

该字形见于合集 10353，与 ![字形]（合集 10268）"鹿"字形近，躯体相同，不同在于"鹿"的头①上是分枝的大角，而"麋"的头上是眉毛。这可能又是造字者"一石两鸟"的精心设计，一方面展示麋鹿与鹿体型相近而有"眉"②，另一方面用 ![字形]（合集 19044）"眉"（*mril）表示"麋"的读音。

2.3 ![字形] "鳳皇"

该字形见于合集 21019，形为高冠华羽的凤凰（原型可能是孔雀），这一个字很可能最初表示"鳳皇"这个双音词，但甲骨文中常假借此字第一个音节表示"风"。其中，头上的华冠常写作倒置的 ![字形]（合集 6834）"王"（*Gʷaŋ），比另一种形体 ![字形]（合集 30241）更为常见。这很可能是书写者有意为之，来提示"凤皇"的第二个音节"皇"（*gʷaaŋ）。

2.4 ![字形]、![字形] "受"（*tuus）

两个字形分别见于合集 6236、22247，上下分别是两个"又"（手形），中间所授受之物为 ![字形]③ "舟"（*tjɯw）。所授受之物当然不必为舟，这里只不过是为了表音而设计的精巧方案。

2.5 ![字形]、![字形]、![字形]、![字形] "彘"（*g-leds，意为野猪）

以上四个字形分别见于《合集》1339、14930、9338、22361 号拓片。字形作 ![字形]（合集 4787）"矢"（*qhliʔ）插入或穿过 ![字形]（合集 995）"豕"的腹部。"矢"既表示野猪必须射猎而获（不同于家猪），同时又提示"彘"的发音。

---

① 与 ![字形] "目"混同。

② 颜师古《急就篇注》说"目上有眉，因以为名"，笔者对麋鹿的了解有限，对其眉不甚清楚。百度百科"麋鹿"条的描述是"眼小，眶下腺显著"，不知这是否是被认为有眉的原因。

③ 字形见于《怀特氏等收藏甲骨文集》第 348 号拓片。

2.6 𥠖、𥠋、𥠍 "年"（*niiŋ，意为庄稼收成）

以上三个字形分别见于合集846、28275、28346，字形上部为𥝌（合集33328）"禾"，下部为音符𠆢（合集7312）"人"（*njiŋ），甲骨文中"禾"的竖画多连着人的头部（如第一形），也有不连而将"禾"置于"人"背部的写法（如后两形），不论如何，都是意欲构成一个人负禾收获的图像（尽管与现实有差距）。①

2.7 𢻸、𢁫 "孙"（*sluun）

两字形分别见于商代青铜器"乃孙罍"② 和商代或西周早期青铜器"乃孙作且已鼎"③，字形作"子"的一只手臂上连系着"糸"（字形作𢆶或𢆯，为一束丝之形）。裘锡圭先生曾指出，在较早的古文字里写作一束丝和写作两束丝（𢆶或𢆯）都是"絲"字（*sluɯ）。因此，刘钊先生（2011：90）认为"絲"字一方面能体现子孙延续不断之意，另一方面又作为音符表现读音。④

2.8 𢆸 "何"（*gaal，意为担荷）

此字形见于合集29730，为甲骨文"何"字，形容人扛戈，手扶戈柄，以示担荷之意。其实，最常见的写法是𠂤（合集27424），所扛之物本非戈。书写者将所扛之物换为横置的𠄌（合集8402）"戈"（*kool），主要是为了提示"何"的读音。

从汉字发展史来看，随着汉字字形在使用中不断简化、讹变，图像性逐步降低，这样的设计逐渐不再使用，而且有些融合型意音图组会离散化，如"㚒"由甲骨文字形𡚬演变为小篆字形㚒。

3 埃及文融合型意音图组举例

3.1 𓀾⑤ fAi "举、扛"

图组下部是一只手做扛举状的男人，手中所举之物是一条蝰蛇𓆑。之所以选择蝰蛇，是因为在古埃及文字中它常被用作表示单辅音 f 的音符，此处可以提示 fAi "举、

---

① 林沄先生（1998：40）认为"年"最初只写作"禾"，后加音符"人"分化出专字。
② 参见《殷周金文集成》（1984 年版）第 15 册的第 9823 号拓片。
③ 参见《殷周金文集成》（1984 年版）第 4 册的第 2431 号拓片。
④ 甲骨文中有几个"子""糸"分离的字形（如𢆶合集31217），如果是"孙"，不知与融合型的写法哪个更早。如果离散的写法更早，那么是后来的一种融合性改造。
⑤ 该字符见于《圣书字：字符表》（*Hieroglyphica: Sign list*）一书的第 1A—3 页和第 2A—2 页，编号 A119。

扛"的第一个辅音。①

3.2 ② Hwi "击打"

图组由手持棍棒击打的人③和被击打之物④（亚麻纤维绞拧成的灯芯）组成。之所以用灯芯作为被击打之物，因为它同时是单辅音音符 H，此处可提示 Hwi "击打"的第一个辅音。

3.3 ⑤ ms "生孩子，分娩"

图组上部是跪坐生产的女子，下部的产出之物是（系在一起的三张狐狸皮），之所以用狐狸皮，是因为它同时是双辅音音符 ms，此处可提示 ms "生孩子，分娩" 发音。⑥

3.4 ⑦ xbA "用锄头翻地"

图组中部是锄头⑧，其上是一只挥舞锄头的鹮。之所以是鹮挥舞锄头，是因为它同时是双辅音音符 bA，此处提示该词的后两个辅音；⑨ 下部被锄头劈砍的是一个面饼，因为此面饼字符同时是单辅音音符 x，此处提示 xbA "用锄头翻地" 的第一个辅音。⑩

3.5 ⑪ tr "时节"

图组上部为意符（去掉叶子并刻有凹槽的棕榈枝，用于计数、计年)⑫，它从下部的人口中长出，而人口字符同时是表示单符音 r 的音符⑬，此处提示 tr "时节"的第二个辅音。

---

① 蝰蛇在古埃及语中读作 ft，所以被用为单辅音 f 的符号，参见 Gardiner（1957：476）。
② 该字符见于《圣书字：字符表》（*Hieroglyphica：Sign list*）一书的第 1A—6 页和第 2A—10 页，编号 A413。
③ 参见加德纳所编圣书字字符表的 A24 号（Gardiner，1957：444）。
④ 参见加德纳所编圣书字字符表的 V28 号（Gardiner，1957：525）。
⑤ 参见加德纳所编圣书字字符表的 B4 号（Gardiner，1957：448）。
⑥ 后来此图组的写法中，变得不甚明晰。另外，该词语还有纯意符的书写形式。参见加德纳所编圣书字字符表的 F31 号（Gardiner，1957：465）。
⑦ 参见（Fischer，1978）。
⑧ 参见加德纳所编圣书字字符表的 U6 号（Gardiner，1957：516）。
⑨ 参见加德纳所编圣书字字符表的 G29 号（Gardiner，1957：470）。
⑩ 参见加德纳所编圣书字字符表的 Aa1 号（Gardiner，1957：539）。所象之物尚无定论（图组中省略了圆内的细节），阿兰认为是一种面饼（Allen，2019：496）。
⑪ 参见加德纳所编圣书字字符表的 M6 号（Gardiner，1957：479）。
⑫ 参见加德纳所编圣书字字符表的 M4 号（Gardiner，1957：479）。
⑬ 参见加德纳所编圣书字字符表的 D21 号（Gardiner，1957：452）。

3.6 ↓① rsw "南方"

图组上部为意符 ↓（上埃及的代表性植物——莎草)②，它从下部的人口 ⟨ ⟩ 中长出，而人口字符同时是表示单符音 r 的音符，此处提示 rsw "南方" 的第一个辅音。

3.7 与行走义有关的 ⋀、⋀、⋈、⋈、⋀

这四个意音图组都是在意符 ⋀（行进的双腿，表示与行走有关）上部连接提示词音的音符，构成一个伪图像：

⋀ ini "带来"，上接双辅音音符 ◯③（碗）in。④

⋀ ii "来"，上接单辅音音符 ⌇（芦苇花）i。⑤

⋈ Sm "去"，上接单辅音音符 ▭（水塘）S。⑥

⋈ iTi "拿，占有"，上接单辅音音符 ⟨⟩（牲畜绊索）T。⑦

⋀ sSm "引领"，上接三辅音音符 ⟍（磨刀器）sSm。⑧

这组例子是古埃及人精心设计的一些伪图像的形式，美观而有趣，似乎是长了腿在走动的罐子、芦苇花、水塘、绊索、磨刀器等。

从埃及文的发展情况来看，尽管圣书字一直保持着象形性，但是古王国之后，此类图组也基本不再制造，即便有一些新的交织字符，也是完全任意而不合图理的叠加（Fischer，1978：16—18）。

4 纳西文融合型意音图组举例

在图像性更强的纳西东巴文里，融合型意音图组极为多见（喻遂生，2003a：142），

---

① 参见加德纳所编圣书字字符表的 M24 号（Gardiner，1957：482）。
② 参见加德纳所编圣书字字符表的 M23 号（Gardiner，1957：482）。
③ 参见加德纳所编圣书字字符表的 W24 号（Gardiner，1957：531）。
④ 有时加音补写作 ⋀ 或 ⋀⋀，参见（Gardiner，1957：531）。
⑤ 参见加德纳所编圣书字字符表的 M18、M17 号（Gardiner，1957：481）。
⑥ Sm 的写法有时再加音补和意符，写作 ⋈ 🦉 ⋀。参见加德纳所编圣书字字符表的 N37、N40 号（Gardiner，1957：491，492）。
⑦ iTi 的写法有时再加意符写作 ⋈。参见加德纳所编圣书字字符表的 V13、V15 号（Gardiner，1957：523）。
⑧ sSm "引领" 的写法有时写作离散形式 ⎮ 🦉 ⋀。参见加德纳所编圣书字字符表的 T31、T32 号（Gardiner，1957：515）。

42

如武晓丽（武晓丽、曾小鹏，2018：180）所言：即便音符与意符没有合乎逻辑的位置关系也尽量想方设法把它们组成一幅场景。现举如下几例以资参照：

　　（607）① $zŋ^{33}$ "执"，音符（$zŋ^{33}$ "青稞"）置于手中。

　　（778）t^hv^{55} "踏"，音符（t^hv^{55} "奶渣"）置于脚下。

　　（766）$tsʰɑ^{55}$ "咬"，音符（$tsʰe^{33}$ "盐"）置于口中。

　　（770）pe^{21} "吐"，音符（pe^{33} "闪"）置于口中。

　　（915）$tʂu^{33}$ "炒"，音符（$tʂu^{21}$ "珠"）置于锅中。

　　（189）by^{33} "粗"，音符（by^{21} "面粉"）置于树干中央（说明树干之粗）。

　　（190）$tsʰŋ^{21}$ "细"，音符（$tsʰŋ^{33}$ "铧"）置于树干中央（说明树干之细）。

　　我们发现，与古汉字和埃及圣书字相比，纳西象形文字中的意音图组数量稍多，这可能与纳西象形文字图像性更强、分节性更弱有关。另外，我们看到纳、汉象形文字的融合型意音图组的融合程度明显高于埃及象形文字。前两者有更多的空间布局方案（如变形、交叉、填塞、共用笔画等），生成的整体性图像更具 "一体性"。这似乎也说明纳西族和汉族更倾向于整体式（或者说 "综合型"）思维，而埃及人更善于分析型思维。

5 结语

　　融合型意音图组是象形文字系统早期阶段（文字图像性较强的阶段）产生的一个特殊小类，这类图组使本来只发挥词音价值而不发挥图像价值的音符介入了意符的图像构成，形成了一个 "一体性" 的 "伪" 图像。这种造字方法，一方面突出地体现了象形文字的语象双重编码性质（亦即视听混合媒介性质），另一方面也反映了作为语言记录的象形文字对图像性的执着。

参考文献

［1］ Gardiner，Alan. *Egyptian Grammar：Being an Introduction to the Study of Hieroglyph* ［M］. Oxford：Oxford University Press，1957.

［2］ Fischer，Henry G. *The Evolution of Composite Hieroglyphs in Ancient Egypt* ［M］. New York：Metropolitan Museum of Art，1978.

---

① 本文所引用的纳西象形文字字例皆来自《纳西象形文字谱》（方国瑜，1981），字例后的编号为原书条目号。

[3] 方国瑜，和志武. 纳西象形文字谱 [M]. 昆明：云南人民出版社，1981.

[4] 郭沫若. 甲骨文合集 [M]. 北京：中华书局，1982.

[5] 林沄. 古文字转注举例 [A]. 林沄学术文集 [C]. 北京：中国大百科全书出版社，1998：35 - 43.

[6] 刘钊. 新甲骨文编（第 2 版增订本）[M]. 福州：福建人民出版社，2014.

[7] 孟华. "中性"——汉字中所隐含的符号学范式 [J]. 符号与传媒，2017（2）：98 - 117.

[8] 孟华. 汉字的意象性：面对汉语的无声性和面对图像的有声性 [J]. 华夏传播研究，2020（3）：144 - 156.

[9] 武晓丽，曾小鹏. 纳西东巴文 "图画性" 问题初探——兼论东巴文文字的性质 [A]. 民俗典籍文字研究·第 20 辑 [C]. 北京：商务印书馆，2018：175 - 199.

[10] 小屯南地甲骨 [M]. 北京：中华书局，1983.

[11] 许进雄. 怀特氏等收藏甲骨文集 [M]. 多伦多：加拿大皇家安大略博物馆，1979.

[12] 于省吾. 甲骨文字释林 [M]. 北京：中华书局，1979.

[13] 喻遂生. 纳西东巴文单音节形声字研究 [A]. 纳西东巴文研究丛稿 [C]. 成都：巴蜀书社，2003a：62 - 129.

[14] 中国社会科学院考古研究所. 殷周金文集成 [M]. 北京：中华书局，1984.

The Word-Image Relation in the "Fused Ideogram-Phonogram Pictorial Groups" of Pictographic Writing Systems

Chen Yongsheng   Chen Congying

(Ocean University of China)

Abstract： A pictographic writing system is a symbolic system that represents words by pictures. It combines language and image, auditory and visual senses, and typically embodies the contradictory unity of language thinking and image thinking. "Fused Ideogram-Phonogram Pictorial Group" is a special small category of written word forms in the early stage of pictographic writing systems. This type of pictorial group enables phonograms to intervene in the imagery composition of the ideogram, forming an "integral" "pseudo-image". This writing method, on the one hand, highlights the nature of verbal-visual dual-codification of pictographic writing systems (that is, the nature of audio-visual mixed media), and on the other hand, it reflects the visable language's persistence of imagery.

Keywords： Pictographic Writing；Ideogram-Phonogram Pictorial Group；Word-image relation；Semiotics of Chinese characters

作者简介

陈永生，男，中国海洋大学文学与新闻传播学院，副教授，汉语言文字学博士，主要从事象形文字比较研究。

陈聪颖，女，中国海洋大学文学与新闻传播学院，汉语言文字学在读硕士，比较文字学方向。

论《西游记》的叙述程式

王天骄

摘　要：吴承恩的《西游记》通常被认为是唐僧师徒西天取经的励志神话，并且揭露了严苛的封建等级制度对底层劳动人民的压迫。然而，假如借助于符号学中"叙述程式"这一重要概念来分析的话，该作品就可以被视为是对孙悟空追寻神仙身份的叙述，唐僧则处于次要和配合的角色地位。小说的叙述者（作者）在文本中建立起"大闹天宫"和"西天取经"两大叙述程式，二者前后接续，层次分明。就形象而言，无论是唐僧师徒，还是妖魔鬼怪、各路神仙，抑或是武艺绝学、如意兵器等，均转化为符号，承担起相应的叙述功能。"叙述程式"这一概念的参与为欣赏作品打开了新的视角，也颠覆了对《西游记》主题的传统认知。

关键词：符号学　陈述　状态　作为　叙述程式

1 引语

符号学（semiotics）"是对于意义产生和理解的一般条件的研究"（埃诺，2019：195），更确切地讲，它把不同符号之间的互动关系作为其研究对象。同时，符号学把文学看作是"一种有关特殊性的科学"（Geninasca，1997：6），这种"特殊性"即雅各布森（Roman Jacobson）所提出的"文学性"（literariness），也就是让文学文本区别于其他文本的特征或要素。文学文本，尤其是叙述性文学文本，"构成了符号学研究自其开始直到最近发展的优先领域之一"（埃诺，2019：195）。与普通的文学研究有所不同的是，符号学家很少考虑文学文本产生的历史、文化和社会等诸多外部要素，而把更多的注意力转向文本本身，努力从中确定各种审美维度。文学文本"不是简单的符号聚集，而是在陈述活动中所生成的意指过程"（Fontanille，1999：1）。在这种视角下，叙述性文学文本的意义出场和逻辑传递就成为一个极为关键且引发诸多争论的焦点，而种种论争似乎都无法绕过一个核心的概念：叙述程式（narrative program，下文简写为PN），它促使人们思考下面两个互相关联的问题：（1）孤立的事件（fact）或行为（behavior）如何转化为承担特定功能的符号，又通过何种方式组合成完整的意指结构，从而确保文本的连贯性与可理解性；（2）在叙述过程中，已经转化为符号的事件和行为，相互之间究竟是处于平等地位，还是具备各自不同的逻辑等级。针对这两大问题，位列我国古典四大名著的《西游记》可以提供颇具说服力的解答场所，下文拟从符号学的角度，借助"叙述程式"这一概念来重新审视《西游记》文本的叙述特征，探讨作为符号的孤立事件或行为和作为逻辑整体的意指之间的汇通关系，"尽力找出文本中客观存在但通常又不易发现的一些要素，理解潜藏于文本表面之下的内在结构系统"（怀宇，2016：14）。同时，这种思考也得以在符号学和中国古典文学之间架起一座沟通的桥梁，使读者能够以新的视角来欣赏作品，从而发现新的意义，获得新的理解。

2 文本的切分

为了对叙述性文本进行分析，符号学家首先要解决的问题就是对其进行切分（segmentation），也就是把文本切割为不同的片段。"传统的划分，例如把文本划分为'描写''叙事''对话'等单位，在话语表层上是完全成立的"（格雷马斯，2005：159）。然而，符号学是把文本视为一个意指整体，从而分析其内在组织。"把一般意义上的叙述性当作文本深层的切分原则"（格雷马斯，2005：159），此时，切分便转化为语义分析的一种程序，而分割出的文本片段也形成临时的功能组合单位。"切分需被看作是首要的经验做法，它的目的在于临时将文本分解成用起来更方便的单体"（Greimas & Courtés，1993：324）。在这种情况下，切分不再寻求"描写""叙事"和"对话"两两之间的分界标志，而是努力辨认出不同序列间的边界信号，"被考虑范畴的一个项显示前面序列的特征，而另一个项显示随后序列的特征"（Greimas & Courtés，1993：324）。

一般认为，《西游记》讲述了唐僧师徒历经九九八十一难，到西天拜佛求经的故事。在这种思维定式之下，从孙悟空横空出世直到大闹天宫的这部分内容，被认为是从属于唐僧西天取经的整体叙述之下。然而，读者往往忽略的是，《西游记》恰恰是从"猴王出世"开始展开叙述的，这个细节蕴含了重要的叙述功能，叙述者正是依据这个场景来开发出不同的空间，从而为读者表现某种时空逻辑：

> 盖自开辟以来，每受天真地秀，日精月华，感之既久，遂有灵通之意。内育仙胞。一日迸裂，产一石卵，似圆球样大。因见风，化作一个石猴，五官俱备，四肢皆全。

"猴王出世"这一事件存在的理由很快显现出来，为了导演将要叙述的剧情，叙述者需要一个能为自己的真实性情负责的"状态主体"（subject of state）。从词源学上讲，"人们常把主体说成'服从于'思考与观察的人"（Greimas & Courtés，1993：369）。从句法角度来说，"主体"和"谓项"（predicate）相对立。而从陈述方面来看，它"被当作一种可供观察的单体（entity）看待，这种单体可以接收话语赋予它的各种确定成分"（Greimas & Courtés，1993：369）。状态主体总是与"价值对象"（object of value）相互依存，并且往往根据二者之间的附连关系而对文本进行相应的"状态陈述"（enunciation of state）。若主体拥有价值对象，则称二者处于"合取"状态（conjunction），反之，若主体和价值对象相分离，则二者就处于"析取"状态（disjunction）。这就表明，在叙述过程中，主体并不是孤立存在的，它必须和其他成分设定关系，这种关系往往被置于优先地位。"在基本陈述框架内，主体就表现为像是一个行为者（act-ant），其本质取决于它所属的那种功能"（Greimas & Courtés, 1993: 370）。

一日，与群猴喜宴之间，忽然忧恼，堕下泪来。

今日虽不归人王法律，不惧禽兽威服，将来年老血衰，暗中有阎王老子管着，一旦身亡，可不枉生世界之中，不得久注天人之内？

从引文看，作为状态主体的美猴王，追求的是"躲过轮回，不生不灭，与天地山川齐寿"，这暗示了价值对象的存在，因为能够做到这一点的"乃是佛与仙与神圣三者"。因此，不妨认为，主体所追求的价值对象是神仙体系中的一个"位置"（position）。此时，主体和价值对象显然是析取的，因为此时的孙悟空还只是下界的一个普通生灵，他"忽然忧恼，堕下泪来"，正是这种析取状态在精神上的反映。

由此可见，《西游记》的叙述是从主体与价值对象的析取开启的，可以用下面的式子来表示这一状态：

$$S \cup O$$

其中 S 代表状态主体，O 表示价值对象，而符号 ∪ 表示主体与价值对象相互分离，也就是二者析取（Groupe d'entrevernes, 1979: 15）。单纯来看，这一初始状态，似乎并没有多少意义可言，然而作品开篇的这一状态陈述却统领后面叙述的发展，因为孙悟空千方百计要使自己成为神仙中的一员，这就促使主体与价值对象之间的状态发生改变，二者之间的状态转换得以实施"作为陈述"（enunciation of doing）：若主体与价值对象由分离的状态走向结合，则称之为合取转换，用式子 $(S \cup O) \rightarrow (S \cap O)$ 来表示，其中 S 和 O 依然表示状态主体和价值对象，符号 ∪ 和 ∩ 分别表示析取与合取。反之，假若主体与价值对象由结合的状态逐渐走向分离，则为析取转换，对应的表达式为 $(S \cap O) \rightarrow (S \cup O)$（Groupe d'entrevernes, 1979: 15）。

在传统观念下的《西游记》，"保护唐僧，降妖除怪"这种叙述早已深入人心，它围绕唐僧这个角色而展开，同时把孙悟空等四位徒弟（包括白龙马）置于次要地位。但是，上面的分析把孙悟空设定为第一主体，并且以孙悟空的经历作为叙述来源，这样一来，《西游记》的叙述结构就发生了很大的变化：整部作品似乎为读者讲述了孙悟空如何使自己被神仙体系所接纳，从而成为神仙世界一员的经过。因为从作品一开始，孙悟空就一心想进入神仙体系，从符号学角度来说，他谋求的是状态主体（孙悟空自己）与价值对象（神仙身份）由析取到合取的转换。换句话说，整部《西游记》所展示的其实就是一个重要的作为陈述：

$$D(S) \Rightarrow [(S \cup O) \rightarrow (S \cap O)]$$

其中，D 指的是"作为操作"（doing），也就是主体与价值对象之间的状态转换，⇒ 指的是作为陈述（Groupe d'entrevernes, 1979: 21），而其他的符号则与前文的含义一致，这里不再赘述。

在文本分析中，为了更加清晰地展示主体与价值对象之间的状态及其转换过程，符号学便引入"叙述程式"这一概念，将二者内在的意指结构有序地衔接起来。"叙述程式是表层叙述句法的基本组合体，它由一个主导状态陈述的作为陈述所构成"（Greimas & Courtés，1993：297）。叙述程式一般包含四大阶段：操纵（manipulation）、能力（competence）、实施（performance）和确认（sanction），其中，"实施"阶段是促使状态实现转换的关键步骤，因此其他阶段一般都围绕它来建立。叙述程式的建立能够更加准确地描述主体和价值对象之间的附连状态及其转换过程，从而使读者窥探文本的内在逻辑结构。

在《西游记》中，从孙悟空的行为轨迹来看，他为了进入神仙体系，前后进行了两次尝试，第一次就是人们耳熟能详的"大闹天宫"，这一次尝试以失败告终，最终被如来佛祖压在五行山下；第二次便是护送唐僧"西天取经"，以此换取"正果"之身。换句话说，护送唐僧西去取经，只不过是一种方式和途径，其最终目的还是要得到神仙们的认可和接纳，从而进入这个体系。上文已经分析，《西游记》全篇可以看作是一个典型的作为陈述，即主体孙悟空想要实现与价值对象（神仙身份）由析取到合取的转换。因此，可以根据这一特征对作品进行功能上的切分，也就是依据叙述时间将《西游记》所呈现的作为陈述划分为前后两大叙述程式，分别对应孙悟空进入神仙体系的两次尝试：大闹天宫和西天取经。下文就针对这两个前后接续的叙述程式做具体分析，从而最终呈现《西游记》文本的整体叙述结构。

3 "大闹天宫"的叙述程式

> 只见那班部中，忽跳出一个通背猿猴，厉声高叫道："大王若是这般远虑，真所谓道心开发也！如今五虫之内，惟有三等名色，不伏阎王老子所管。"猴王道："你知那三等人？"猿猴道："乃是佛与仙与神圣三者，躲过轮回，不生不灭，与天地山川齐寿。"猴王道："此三者居于何所？"猿猴道："他只在阎浮世界之中，古洞仙山之内。"

首先要分析猴王出世到大闹天宫这一区间的叙述程式，将其确定为 PN1。起初，猴王感伤于自己不能超越生老病死的自然规律，多亏通背猿猴的点拨，方知"阎浮世界之中，古洞仙山之内"存在有"三等名色，不伏阎王老子所管"，并最终下定"远涉天涯，务必访此三者"的决心。由此可见，此种情形促使文本叙述不断向前发展，从而进入到叙述程式的开启阶段：操纵。操纵阶段的语义模式为"使做……（make somebody do）"，它涉及一个主体间性，即一个主体针对另一个主体的行为，前者是操纵者，后者是被操纵者。具体来说，前者说服后者实施作为操作，而后者则接受前者的安排，着手进行作为操作，因此后者通常也被称为"操作主体"（subject of operation）。

一方面，通背猿猴对猴王此时的心结进行了评价，它首先确认主体（猴王）和价值对象（神仙身份）之间的析取状态，接着称赞猴王的这种"远虑"是"道心开发"，最后积极地出谋划策，期待猴王如愿以偿，获得长生不老之术，跻身于神仙之列。不难看出，通背猿猴的一系列行为是猴王辞别花果山，远涉天涯去学艺的直接原因，因此可以看作是"操纵者"（即通背猿猴）对猴王起到了一种"操纵"作用，它给予后者"懂得—做"（knowing how to do）这种"模态"（modality），从这一刻起，猴王就不仅仅是"状态主体"，他同时也成为潜在的"操作主体"。另一方面，虽然通背猿猴的一番话解开了猴王的心结，使其豁然开朗，然而真正下决心"云游海角"，寻得长生不老之本事的却是猴王自己。换言之，猴王希望"学一个长生不老"的这番态度才是真正影响叙述程式中的"能力、实施和确认"这三大后续阶段的原动力，它依附于新的模态"想要—做"（wanting to do），因此除了通背猿猴之外，孙悟空也可以被看作是他自己的"操纵者"。在这种情况下，孙悟空身上肩负了三大叙述功能：操纵者、操作主体和状态主体。

> 祖师道："既如此，上前来，传与你口诀。"遂附耳低言，不知说了些什么妙法。这猴王也是一窍通时百窍通，当时习了口诀，自修自炼，将七十二般变化，都学成了。

> 这一夜，孙悟空即运神练法，会了筋斗云。

> 孙悟空将宝贝执在手中，坐在水晶宫殿上，对龙王笑道："多谢贤邻厚意。"

　　叙述程式进一步得到展开，由起初的"操纵"过渡到第二阶段：能力，这一概念"从认识论上可追溯到17世纪的'才能'（faculties）心理学"（Greimas & Courtés，1993：52）。在索绪尔（F. D. Saussure）看来，"语言与能力被认为具有一种潜在存在性，二者分别对立于言语和运用，言语和运用被设想为先决潜能的现时化过程"（Greimas & Courtés，1993：52）。能力阶段需要对作为陈述进行"建模"（modeling），目的是确定操作主体与自身行为之间的关系。换言之，如果说"作为"是一种"使存在"（make something be）的活动，那么"能力"就是让这种活动成为可能的先决条件或前提。

　　根据前文的分析，猴王是潜在的"操作主体"，他追求的状态就是获得神仙身份，而为了达到这个目标，他必须获得"实施这一操作"的必备能力。民间故事中大多存在这一情形，主人公的冒险少不了"获得能力"这个桥段，这是为实现自身目的而充分准备的时期，即获取各种必要手段来最终达到与价值对象合取的效果。一般来说，在叙述作品中，凡是能给操作主体带来必要的能力，进而实现合取目标的物品或形象都可以被认作是"模态对象"（modal object）。"英雄或者反英雄一旦拥有它们，就能获得各式各样的助力"（格雷马斯，2005：15），比如《天方夜谭》中阿拉丁的神灯，童话《灰姑娘》中仙女的魔棒等都是模态对象。而在《西游记》中，孙悟空历经千辛万苦，漂洋过海寻得"七星潭斜月三星洞"，拜菩提师祖为师，掌握了"七十二变"和"筋斗云"两大技能，随后又从东海龙宫借来"如意金箍棒"。从符号学角度来说，"七十二变""筋斗云"和"金箍棒"可以看作是三个"模态对象",拥有了它们之后,孙悟空这位操作主体就具备了不可或缺的能力,得以实现自己"成为神仙"的目标,上述过程对应"能够—做"(being able de do)这种模态,用下面的式子来表示:

$$D(S) \Rightarrow [(S \cup Om) \rightarrow (S \cap Om)]$$

其中,Om 指孙悟空获得的三个模态对象,它们和"阿拉丁的神灯"及"仙女的魔棒"所承担的叙述功能是一致的,即为操作主体带来必要的能力。

> 玉帝传旨道:"就除他做个弼马温罢。"

> "这般藐视老孙!老孙在那花果山,称王称祖,怎么哄我来替他养马?养马者,乃后生小辈下贱之役,岂是待我的?不做他,不做他!我将去也!"

在太白金星的引荐下,孙悟空来到天庭,并被赐予"弼马温"的职务。文本的叙述因而进入到第三阶段:实施,这一阶段改变的是状态主体与价值对象之间的关系。从引文看,猴王得到了天上的一个职位,他与价值对象之间形成了新的状态,二者似乎由起初的析取走向合取,然而这一结果必须要进入到叙述程式的最后一个环节:验证,才能最终确认自身的属性。如果说"能力阶段"是针对作为陈述进行建模的话,那么"验证阶段"就是对状态陈述进行建模,从而形成一种"述真模式"(veridiction)(Hénault,2012:166),即对于任何一个状态陈述,都可以从表现层面(manifestation)和内在层面(immanence)对其进行判定,并且根据判定结果的组合情况决定该陈述的性质。这种判定活动可以借助于符号学矩阵表现出来(Courtés,1991:115):

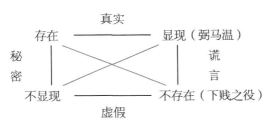

从表现层面来看,孙悟空被任命为"弼马温",这是一种"显现"(seeming);然而从内在层面讲,"弼马温"是"下贱之役",并不具备真正的神仙地位,因而可以被看作是"不存在"(not being),"显现"和"不存在"组合在一起,构成的语义结果是"谎言"(lie)。也就是说,天庭里的神仙并不想真正重用孙悟空,所谓的"弼马温"只是欺骗和安抚他的一种手段。

> 玉帝道:"那孙悟空过来,今宣你做个齐天大圣,官品极矣,但切不可胡为。"

> 玉帝道:"朕见你身闲无事,与你件执事。你且权管那蟠桃园,早晚好生在意。"

> 只见那猴王脱冠服,爬上大树,拣那熟透的大桃,摘了许多,就在树枝上自在受用,吃了一饱……迟三二日,又去设法偷桃,尽他享用。

"今日有缘，却又撞着此物，趁老子不在，等我吃他几丸尝新。"

在上述场景，孙悟空被"齐天大圣"的名号再次哄骗到天庭，并被委以"看管蟠桃园"的任务。从叙述角度讲，这一幕仍旧应当被看作是"实施"阶段。"蟠桃""金丹"是两个重要的符号，代表"货真价实的神仙位置"，因为只有真正的神仙才能在蟠桃盛会上品尝到这两样东西。孙悟空偷吃了蟠桃与仙丹，这是一种"偷窃"行为，而不是神仙的"赠予"（gift）。在这一作为陈述中，主体与价值对象之间的互动关系可以用下列式子来表示：

$$D(S3) = [\,(S1 \cup O \cap S2) \rightarrow (S1 \cap O \cup S2)\,]$$

其中，S3 是操作主体，S1 是状态主体，二者均指代孙悟空，O 表示价值对象蟠桃和仙丹，S2 是反主体，即天庭的神仙。上述表达式说明，孙悟空通过自己的操作（偷吃蟠桃和仙丹），使自己与价值对象之间的关系从析取走向合取，然而与此同时，众仙与价值对象之间却出现相反的情形，即从合取转为析取。换言之，孙悟空通过自己的作为实现了对价值对象的"占有"（appropriation），然而对神仙们来说却是一种"剥夺"（deprivation）。

> 好大圣，急纵身又要跳出，被佛祖翻掌一扑，把这猴王推出西天门外，将五指化作金木水火土五座联山，唤名"五行山"，轻轻的把他压住。

和前文类似，在"实施"阶段形成了新的状态陈述，需要在最后的"验证"阶段对其进行阐释，也就是分别从表现层面和内在层面对状态陈述进行判定，依据判定结果的组合情况确定其属性。从表现层面来看，孙悟空偷吃了蟠桃和仙丹，这是一种"显现"；然而从内在层面看，他最终被佛祖压在五行山下，天庭对他采用欺诈行为单方面取得的地位并不认同，这是一种"不存在"。因此，"显现"和"不存在"再一次组合在一起，其意指结构仍然为"谎言"。这表明，猴王谋取神仙身份的第一次尝试以失败告终。这一过程也可以借助于符号学矩阵表现出来：

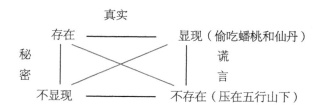

"验证"阶段标志着"大闹天宫"叙述程式的结束，不难看出，这个叙述程式以主体和价值对象的析取状态开启，最后同样以二者的析取状态结束。同时，"验证"阶段也预示了新的叙述程式将要开启。

4 "西天取经"的叙述程式

"你既有此心，待我到了东土大唐国寻一个取经的人来，教他救你。你可跟他做个徒弟，秉教伽持，入我佛门，再修正果，如何?"

孙悟空在五行山下蛰伏了五百年，终于等来了观音菩萨。他表示自己"知悔"，并希望菩萨"指条门路"，后者给出的建议就是"拜取经人为师，护送他求取真经"，以此换来"正果"。在上述场景，观音是说服孙悟空护送唐僧西去取经的人物，"充当了对书中主人公指点迷津，辅助、监督、考核以成全其事的角色"（杜贵晨，2010：16）。从符号学角度来说，观音给孙悟空带来的模态价值是"应该—做"（having to do），因而成为取经事件中的其中一个"操纵者"，这表明新叙述程式（确定为 PN2）中的"操纵"环节已经开始。更为主要的是，虽然孙悟空被压在五行山下五百载，但是他想要取得神仙身份的意愿并没有磨灭，因此与前文"大闹天宫"的叙述程式相一致的是，这里的孙悟空仍然可以被看作是第二个"操纵者"，他赋予自己的模态价值依旧是"想要—做"（wanting to do）。于是，观音和孙悟空分别是"西天取经"的外在和内在动力，二者双管齐下，推动叙述向前发展。

"正果"应该被认为是等同于神仙身份，想要获得它，就必须把唐僧安全送到西方大雷音寺。因此，如果把"正果"看作是最终的价值对象的话，那么唐僧就应该被视为新的模态对象，他带来的模态价值是"能够—做"，因为他可以帮助孙悟空实现自己与价值对象的合取。此时，文本的叙述已经进入"能力"阶段。

在接下来的"实施"阶段，孙悟空需要做的就是和其他三个伙伴降妖除怪，一路护送师父西去，因此可以据此提炼出"西天取经"过程中的行为者模式（actantial model）：

$$发送者 \rightarrow \textbf{对象} \rightarrow 接收者$$
$$\uparrow$$
$$辅助者 \rightarrow \textbf{主体} \rightarrow 反对者$$

具体来说，上述模式（格雷马斯，2001：264）反映出作品中的人物形象在叙述中所承担的功能分布。观音菩萨不仅是"取经"这一事件的"发送者"（sender），还把模态对象唐僧交给孙悟空，使他成为"接收者"（receiver）。同时，孙悟空是操作主体，他要维护自己与模态对象唐僧之间的合取状态。在这个过程中，八戒、沙僧以及白龙马都是孙悟空的"辅助者"（helper），相反，取经路上遇到的妖魔鬼怪就是"反对者"（opponent）。

观音菩萨无疑是神仙世界的代表，孙悟空与之交流的过程中包含有两个对象：即模态对象"唐僧"和价值对象"金身正果"，其中的互动关系可以用下列式子（Courtés，1991：95）来表示：

$$State\ 1 = [\ (Om \cap S1 \cup Ov) \rightarrow (Om \cup S1 \cap Ov)\ ]$$
$$State\ 2 = [\ (Om \cup S2 \cap Ov) \rightarrow (Om \cap S2 \cup Ov)\ ]$$

其中，Om 表示模态对象唐僧，Ov 表示价值对象"金身正果"，也就是孙悟空所追求的神仙地位。同时，S1 表示孙悟空，而 S2 表示观音菩萨（神仙）。不难看出，无论是孙悟空还是观音，都分别与模态对象及价值对象处于双重的关系之中，反映的正是"护送唐僧，取得金身正果"这一事实。简言之，这是一种互相"赠予"的行为，和孙悟空在蟠桃盛会上的"偷窃"举动有着本质的区别，孙悟空偷吃了蟠桃和仙丹，却无法对神仙进行补偿，二者之间仅仅存在唯一的价值对象，因此无法构成"礼尚往来"的情形。然而此时，在如来佛祖面前，孙悟空和众仙两个主体之间存在两种对象，即模态对象唐僧和价值对象"金身正果"，孙悟空和众仙之间因而建立起一种"契约"（fiduciary contract）关系。

上述分析能够为《西游记》中孙悟空"前强后弱"的能力表现矛盾提供另外一种解释：当孙悟空大闹天宫时，他似乎是所向披靡的，屡战屡胜，直到如来佛祖的出现。然而在西天取经的路上，很多时候他凭借自己的力量却无法完全击败妖怪，不得不经常向天上的神佛求助。孙悟空前强后弱的表现一方面"受此前西游记取经故事形态的影响，《取经诗话》、杂剧、平话的叙述中一直有着借助神佛力量解决困难的传统"（李军、王昊，2019：183），而另一方面，从符号学角度来看，这是作者有意对作品的人物进行"符号编码"（encoding）：即孙悟空一旦和众仙订立"契约"，那么后者就会成为前者在取经路上的"辅助者"。

> 五圣果位之时，诸众……始初俱来听讲，至此各归方位。

《西游记》的叙述终于过渡到最后的"验证"阶段，唐僧师徒五人历经千辛万苦终于到达如来佛祖的面前，取得真经。同时，五人同时成佛，转化为"五圣"，也就是获得了真正的，为神仙世界所认可的地位。和前文一样，这里也需要对最终形成的状态属性进行判定：

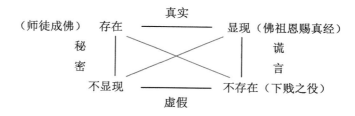

从表现层面上看，唐僧师徒五人受到了佛祖的热情接待，并且获得佛祖恩赐的真经，这是一种"显现"；另一方面，师徒五人同时"成佛"，位列"五圣"，说明他们的神仙地位得到了佛祖的亲自确认，这代表着内在层次的"存在"。既"显现"，又"存在"，二者组合而成的意指类型是"真实"（true）。至此，"西天取经"这个叙述程式可以说是圆满结束。这是孙悟空谋取神仙地位的第二次尝试，获得了成功，他最终实现了主体与价值对象的合取。

综上所述，"大闹天宫"和"西天取经"这两个叙述程式共同构成了《西游记》文本的"叙述图示"（narrative schema）：

《西游记》的叙述图示

	操纵阶段	能力阶段	实施阶段	验证阶段
叙述程式一：大闹天宫	操纵者：孙悟空（想要做）通背猿猴（懂得做）	模态对象：七十二变筋斗云金箍棒	偷窃：仅存在唯一的价值对象	/显现/+/不存在/=/谎言/
叙述程式二：西天取经	操纵者：孙悟空（想要做）观音菩萨（应该做）	模态对象：唐僧	契约关系：是一种交流，模态对象和价值对象同时存在	/显现/+/存在/=/真实/

　　上述图示清楚地标明了两大叙述程式之间的相同点和不同点，无论是"大闹天宫"还是"西天取经"，都拥有两位操纵者，贯穿叙述始终的操纵者是孙悟空本身，因为他一直致力于神仙地位的谋取，是"想要—做"模态的携带者。同时，两大程式分别拥有另外一位操纵者：通背猿猴和观音菩萨，对应的模态价值分别为"懂得—做"和"应该—做"。在"能力阶段"，模态对象由起初的"七十二变""筋斗云""如意金箍棒"移位到后来的"唐三藏"。"实施阶段"体现出两大叙述程式最本质的不同：即"偷窃"和"契约"的区别，这一根本差异也直接导致"验证阶段"呈现出完全相反的情形："谎言"和"真实"。可以说，两大叙述程式之间的相同点和不同点使读者对《西游记》的叙述特征有了崭新的认识。

5 结语

　　上文从符号学的角度，把《西游记》看作叙述文本之整体，把叙述程式看作客观可行的识别标准，将其切分为"大闹天宫"和"西天取经"两大部分。在时间轴线上，这两个叙述事件既是反复出现的组合体（syntagm），又是结果相互对立的聚合体（paradigm）。以孙悟空为第一主体的《西游记》呈现出一个"追寻"（quest）的主题，而"取经"这一环节在等级上仅仅是从属于"追寻"这个核心行为，"追寻行为"才是促使叙述过程中主要状态发生转换的决定性要素。不难看出，符号之间的有机互动是意义世界的始源，而"叙述程式"这一概念的参与改变了读者对《西游记》作品的认知，它不再是单纯的"玄奘取经"的故事，而是呈现出"孙悟空入世"的全新的叙述特征。更重要的是，它还向读者传达了一种朴素的契约观念，因为孙悟空正是从大闹天宫的失败之中意识到需要和神仙们订立契约，这样才能最终获得自己梦寐以求的神仙地位。最后还需要指出的是，根据符号学这门"元语言"所获得的理解，"是以文本内在结构为基础并联系历史与文化而进行推测的结果，而且通常也不是只有一种结果"（张智庭，2015：21），这也说明，文学文本的意义是多元的，"开放性"是它的重要特征。

参考文献

［1］Courtés, J. *Analyse sémiotique du discours: de l'énoncé à l'énonciation* ［M］. Paris: Hachette, 1991.

［2］Fontanille, J. *Sémiotique et littérature: Essais de méthode* ［M］. Paris: PUF, 1999.

［3］Geninasca, J. *La parole littéraire* ［M］. Paris: PUF, 1997.

［4］Greimas, A. J. et Courtés, J. *Sémiotique-dictionnaire raisonné de la théorie du langage* ［M］. Paris: Hachette.

［5］Groupe d'Entrevernes. *Analyse sémiotique des textes* ［M］. Lyon: Presses universitaires de Lyon, 1979.

［6］Hénault, A. *Les enjeux de la sémiotique* ［M］. Paris: PUF, 2012.

［7］A. J. 格雷马斯. 结构语义学 ［M］. 蒋梓骅译. 天津: 百花文艺出版社, 2001.

［8］A. J. 格雷马斯. 论意义（下册）［M］. 吴泓缈、冯学俊译. 天津: 百花文艺出版社, 2005.

［9］〔法〕安娜·埃诺. 符号学问题 ［M］. 怀宇译. 北京: 中国人民大学出版社, 2019.

［10］杜贵晨. 三位女神, 一种角色——从《水浒传》《西游记》到《红楼梦》的"女仙指路"叙述模式 ［J］. 明清小说研究, 2010（4）: 16 - 34.

［11］怀宇. 论法国符号学 ［M］. 天津: 南开大学出版社, 2016.

［12］李军、王昊. 论《西游记》叙述中孙悟空的能力表现矛盾——以现象、成因与艺术作用为中心 ［J］. 明清小说研究, 2019（2）: 183 - 203.

［13］张智庭. 莫言闪小说《狼》的符号学解读 ［J］. 文艺研究, 2015（8）: 14 - 21.

A New Analysis of the Narrative Features of *the Journey to the West* from the Perspective of Semiotics

Wang Tianjiao

(Sorbonne University)

Abstract: *Journey to the West*, by WU Cheng'en, is usually regarded as the inspirational myth which describes the Monk Xuanzang and his disciples learning from the West. This novel exposes also the oppression of the working people at the bottom of the feudal hierarchy. However, if we analyze it with the help of the important concept of "narrative program" in Semiotics, this production can be regarded as a narration of Monkey King's pursuit of immortality, on the contrary, the Monk Xuanzang is playing a secondary role of cooperation. The narrator (author) of the novel sets up two narrative programs in the text: "making a scene in heaven" and "taking scriptures from the West", they are successive and well-organized. As far as the figures are concerned, whether they are the Monk Xuanzang and his disciples, or demons, ghosts and immortals, even martial arts and weapons, all of them are transformed into signs and bear the corresponding narrative function. The participation of the concept of "narrative program" opens a new perspective for appreciating the works and subverts the traditional cognition of the theme of *Journey to the West*.

Keywords: semiotics; enunciation; state; doing; narrative program

作者简介

王天骄，男，巴黎索邦大学（巴黎四大）语言符号学在读博士。主要研究方向为符号学。

观看的伦理与性别

——存在符号学视野中苏珊·桑塔格与安妮·莱博维茨图像艺术对话研究

张 艺

摘 要：在符号学领域以及与符号学相邻的诸多领域，出现了大量关于主体与主体性的讨论，不仅促使了后存在主义哲学的转向，从"我思故我在"到"我看故我在"；而且后者的认知范式中，更加出现了从眼睛凝视到拍摄占据的转变。本文基于著名符号学家格雷马斯关于符号本身的概念最终是一个价值论实体的理念，提出一个个案研究：考察西方著名作家与批评家、最重要的公共知识分子之一苏珊·桑塔格与"摄影师中的左拉"当代美国最著名的摄影家之一安妮·莱博维茨关于图像艺术的对话，指出，桑塔格在公共批判领域批判图像艺术，缘于她站在让·鲍德里亚立场上批判图像消费，莱博维茨则站在个人叙述声音立场上维护景观符号，她们在合著《女性》的关于女性意识的同性对话中，将性别意识建构为可阐释空间开放的性别元符号，莱博维茨发表桑塔格身体受难照引发伦理争议，折射出观看伦理错位的复杂处境。通过对主体之间关于图像艺术对话的分析，本文将观看视为一种主体的投射与主体间性的交往，并做伦理层面的思忖，特别是当性别问题牵涉其中，探讨如何超越性别视角，走出观看中的阈限。

关键词：观看 伦理 性别 图像艺术对话

1 前言："我看故我在" 的问题

如果我们关注符号学当前的发展状况，会发现，在符号学领域以及与符号学相邻的诸多领域，如心理分析、性别理论，还有新音乐学，出现了大量关于主体与主体性的讨论，甚至在一定程度上刺激了后存在主义哲学的转向：从笛卡尔范畴所征服的"我思故我在"到被冠以消费文化"拉平"的"我看故我在"。而后者的认知范式中，更加出现了从眼睛"凝视"到拍摄"占据"的转变。如果说，凝视眼光之下，被凝视对象往往并非自主呈现，且常常患有失语症；那么，拍摄对焦背后，拍摄主体往往是出于自我选择，且常常带有"焦虑的激情"（按照符号学家格雷马斯的说法，焦虑是主体与价值客体分离的状态，在拍照的例子中，则体现为主体向摄影的"遭遇对象"接近时的叙述冲动）。我们会很容易地联想到，在凝视的背后，布有"知识与权力"的陷阱；我们却倾向于忽略，在拍照的背后，"符号与权力"的法则同样生效，甚至可以说，是摄影活动暗中的主导。

所谓"符号与权力"的问题，实质上也就是，孰为主体孰为客体的问题，以及主

58

体在将客体纳入自身符号化体系过程中的价值评判问题。具体分析，就主体的问题而言，比如，表现为如何看待自我和自身采取的立场（当然是指针对某一具体问题）；就价值的问题，则主要体现为如何定位客体和评价标准的制定。用格雷马斯的话来说，符号本身的概念最终是一个价值论（axiological）实体。在探讨有关价值概念的时候，格雷马斯特意添加一笔强调了，价值概念在某种程度上，可以被"还原"至更"普遍的"人类学概念——如情感与激情。（埃罗·伯格，2012：262，268）

　　沿着格雷马斯的符号学研究之路，笔者将提出一个颇具兴味的个案研究。在此案例中，当事人一位是西方著名作家与批评家、最重要的公共知识分子之一苏珊·桑塔格（Susan Sontag，1933—2004），另一位是有着"摄影师中的左拉"之称的当代美国最著名的摄影家之一安妮·莱博维茨（Annie Leibovitz，1949— ）；将她们并置研究的关联点，不仅缘于前者出版了文集《论摄影》（On Photography，1977），并与后者合著了图文集《女性》（Women，2000）；而且"情感与激情"一直是将她们联系的因素，考虑到二人其实是"走向出柜"（当然是安妮·莱博维茨的决定）的同性爱人关系；前者身后更有如斯"公案"：苏珊·桑塔格的儿子对于安妮·莱博维茨将其母的私照以及生命最后时刻的恐怖照片面向公众出版，提出了严重抗议。他自然是站在安妮·莱博维茨应该承担"道德风险"的立场。如此表面上关注"亲密文化"（Innigkeit Culture）的研究，其实质为，基于对她们之间关于图像艺术对话的分析，将"观看"视为一种主体的"投射"与主体间性的"交往"，进而做伦理层面的符号学观察，特别是当性别问题牵涉其中的"符号学时刻"，探讨如何"超越"①（埃罗·伯格，2012：88）性别视角，走出"观看阈限"的问题。

2 苏珊·桑塔格：站在让·鲍德里亚立场上批判"图像消费"

　　苏珊·桑塔格在1973年至1977年间，以摄影为论题，在《纽约书评》上发表文章共计6篇，后经修改结集成书。《论摄影》（On Photography，1977）的出版在当时被视为文化—出版界盛事，一举赢得1978年全美书评界评论奖。在面对各路评论者、读者的反应声音时，桑塔格对他们仅看到她以"侵略性"描绘照片所蕴含的否定暗示感到讶异。她认为，指出某物具有侵略性，并非说某物本身或好或坏，正如任何生活样式，都具有一定的侵略性形式，而如今拍照发生在一个带有侵略性的世界和一个基于侵略自然的人类社会。（Carl Rollyson，2001：108）尽管桑塔格努力表现"客观"与"温和"，终究难掩她在《论摄影》中对摄影活动的严厉批评，她甚至说过，"拍摄就是占有被拍摄的东西。它意味着把你自己置于与世界的某种关系中，这是一种让人觉得像知识，因而也像权力的关系"（苏珊·桑塔格，2010：8）。一方面，显然，桑塔格在写下上述话

---

① 阿尔弗雷德·舒茨和托马斯·鲁克曼在《日常生活现象学》（The Phenomenology of Everyday Life）中对"结构"进行了研究并且发现了三种"超越"类型。

时，福柯是存在于她意识中；另一方面，似乎，桑塔格毫不客气地在指摘摄影、照片为"第二次掉进异化的例子"。她的激进态度自"在柏拉图的洞穴里"一文伊始，"人类无可救赎地流连在柏拉图的洞穴里，积习未改，依旧陶醉于并非真实本身而仅是真实的影像"（Susan Sontag，1977：3），便可窥见一斑。联系到桑塔格本人其实陶醉于照片甚至沉浸于摄影者的生活（《论摄影》出版前一年，她刚为彼得·赫贾摄影集写过序；而再过几年，她将会与摄影家安妮·莱博维茨谱出恋曲）的事实，她在公共批评领域批判摄影的动机何在呢？

有热衷"窥私"的批评者在一篇题为"苏珊的癖好"的文章中这样写道：

> 从桑塔格承认她对摄影有种"痴迷"的前言里，到叙述相机能够激发起某种"类似于欲望"之物的最后几页，作者坦诚了她对照片的永不餍足的需求。为使自己摆脱这一癖好，她便攻击摄影。本书是她对这一欲望的承认，也是其自我洗涤的一种途径。

这样的批评路数且不谈多大程度上对作者"不怀好意"，明显具有拉康"创伤升华"的痕迹。严肃写作的意图是否尽然可用心理学分析，这是一个值得商榷的问题。桑塔格自己坚持，写作的意图，不是攻击摄影，而是对一种重要活动形式及后果关注的呼吁，同时也是探索社会及其存在矛盾的一种方式。（Carl Rollyson，2001：108—109）"探索"一词，便为批评留下了空间。在埃利奥特（Elliott）眼中，桑塔格是以"坎普之眼"（in the eyes of her camp）观看并防御"自我"，《论摄影》中充斥层峦叠嶂的自我保护（self-protection）（Carl Rollyson，2001：110），无怪乎读者抱怨"难读"；到了被誉为"批评桑塔格眼光最狡黠的评论家之一"的卡里·纳尔逊（Cary Nelson）眼中，她的自我保护语言和自相矛盾表述是她应对自己批判意识及与自我辩驳的方式，由此她的批评中带出戏剧感，并转换为自我对话。伊丽莎白·布鲁斯（Elizabeth Bruss）甚至宣布，她对摄影的对抗性立场是她勾勒自己感受力的方式（Carl Rollyson，2001：110），似乎又是一次"反对阐释"的姿态，桑塔格习惯反对或挑战现成的观点。

用桑塔格的习惯作答方式"Yes and No"。并不尽然如此。在"引语选粹"中，桑塔格向沃尔特·本雅明（Walt Benjamin）致敬，其实她还应该向让·鲍德里亚（Jean Baudrillard）致意，因为她的《论摄影》"文化观察家的中立口吻"的基础，其实是占据了图像消费者的批判反思立场。在图像消费者的眼中，"摄影师所做的工作也普遍要受制于艺术与真实性之间那种通常是可疑的关系"（苏珊·桑塔格，2010：10），而"需要由照片来确认现实和强化经验，这乃是一种美学消费主义，大家都乐此不疲"（苏珊·桑塔格，2010：36）。关于艺术与真实性之间那种通常是可疑的关系的质疑，从柏拉图的洞穴说就一直方兴未艾；而被大家乐此不疲的所谓美学消费主义，其实就是让·鲍德里亚所批判的图像消费主义。

桑塔格说，"摄影强化了一种唯名论的观点，也即把社会现实视作由显然是数目无限的一个个小单位构成——就像任何一样事物可被拍摄的照片是无限的。透过照片，世界变成一系列不相干、独立的粒子；而历史，无论是过去的还是现在的，则变成一系列轶事和社会新闻。相机把现实变成原子，可管理，且不透明。这种世界观否定互相联系和延续性，且赋予每一时刻某种神秘特质。"（苏珊·桑塔格，2010：140）让·鲍德里亚"社会关怀"与"理论主题"的声音依稀可辨——那种对"消费社会"与"符码异化"的批判分析与理论描述：符号逻辑颠覆使用价值，使得仿真或模拟的世界变成了消费者在消费博弈中的真实世界，即符码世界，而消费社会的本质，即是符码操纵社会。当她说"这种世界观"，暗指的是让·鲍德里亚批判的图像消费观；"这种世界观否定互相联系和延续性"，也是让·鲍德里亚的回声。让·鲍德里亚提出"符号内爆"，讲的就是符号能指的衍生与延异阻止了符指过程的透明性与目的性。而她认为这种世界观"赋予每一时刻某种神秘特质"是对让·鲍德里亚符号消费批判理论的加工，渲染上了诺斯替主义（Gnosticism）的色彩。她的第二篇文章"透过照片看美国，昏暗地"，仅就题目本身，就蕴含着让·鲍德里亚"仿真世界"的观点与陶布斯为桑塔格所阐述的诺斯替教观点——即真理只为少数人所知。既然不是人人都能掌握真理的，故而观看摄影作品作为通向真理的门径显然是不足的，这是桑塔格的潜在逻辑。显然，桑塔格是站在类似让·鲍德里亚消费社会图像消费者的立场，带有诺斯替主义情绪，批判摄影作为一种图像消费行为。

然而，桑塔格本人确实消费图像，她是电影制作人，且拿过奖。似乎这又是一次"坎普"事件。阿尔佛雷德·卡津（Alfred Kazin）在《时尚先生》（*Esquire*）中好奇摄影之于桑塔格的实际影响，卡津的做法是在文学之外寻找蛛丝马迹，那些自传性的事实领地。本文的作者在以下论述中，也将会涉及桑塔格的生活世界，却是从另外角度——巴赫金的"对话"与哈贝马斯的"交往"。

3 安妮·莱博维茨：站在"个人叙述声音"立场上维护"景观符号"

安妮·莱博维茨2009年出版了她1990年至2005年作品选集《一个摄影师的生活：1990—2005》（*A Photographer's Life*：1990—2005），照片摘选显然是依据私人性原则，包括那些年她的同性爱侣苏珊·桑塔格的私照与安妮·莱博维茨的家人照。对此，她在导言中说，"我没有两种生活。这是一种生活，私人照片和任务照片都是它的一部分。"（Annie Leibovitz，2009：2）用符号学家格雷马斯理论性话语来说，"艺术生活常作为文本出现，此时这种文本组成了元素的**叙述方式**，或者组成了其作为故事、话语的线性过程。然后人们不仅为文本提供一定的'逻辑'顺序，还提供'生命'本身所表现的'世界'。因此，关于艺术文本的符号学也是关于艺术文化的符号学。"（埃罗·伯格，2012：271）安妮·莱博维茨在《一个摄影师的生活》中，利用所选照片和它们的出场次序，组成了特定表意的叙述方式。叙述开端是苏珊在约旦南部山谷之间的远观背影，取景的背后是浮雕群山与岩石：

> 这里的照片几乎是按时间顺序整理出来的，带有某种艺术许可。当我正为纪念册工作的时候，我发现了第一张照片——苏珊在佩特拉。人去世后照片承担着新的意义。当我拍这张照片之时，我想要她的轮廓给景观以比例尺的感觉。但是现在我思忖它为反映世界在多大程度上召唤苏珊探索。她是这样好奇，拥有对经验饕餮的胃口和对冒险的需求。……由于建筑物正面被葬礼符号覆盖，还由于它很可能被当作墓穴或者陵墓使用，这张照片回响着萦绕该书的关于死亡与悲哀的主题。（Annie Leibovitz, 2009：2）

而最后几张照片——安妮·莱博维茨独自在上山、莫纽门特峡谷突兀的石峰近观、石峰远观，似乎在言说，"遭遇被剩下的孤独"。安妮·莱博维茨说，《一个摄影师的生活》是在回忆中聚焦个人生活的微观风景。（Annie Leibovitz, 2009：2）她坚持认定私人生活就是她艺术的风景，且她私人叙述的声音增强了她摄影作品的艺术性："作为一名摄影师，当我表达一种观点之时，我拥有一种更有力量的声音。"（Annie Leibovitz, 2009：2）雅克布森的意动功能理论很是适切拿来诠释安妮·莱博维茨此处的摄影艺术观：

> 文学的意图不仅仅是传达信息而且还要向发送者和接受者加强普遍价值模式，或者说服接受者采取发送者的意图，或者诱使他参与到一种更持久的交往中来。也可以加强情感功能，即传达情感的想法。这种功能在著名作家的回忆录中比比皆是，这些文本是一种自动交往的工具，通过这一工具，它们阐述自己的世界观，并让它们的伦理和审美选择合法化。……这里的关键点是，艺术历史的主体如何让自身想象他们自己的现实，并且在描述过程中他们运用了哪种概念，意识到他的选择总会涉及一个价值论时刻，能够导致阐释的自我理解和另一种类型的他者概念。（埃罗·伯格，2012：272）

安妮·莱博维茨正是饱含怀念之意，运用照片叙述缅怀声音，更加运用照片的表意与审美功能诱使观看者移情进入她的内心世界。她的价值论导向是"怀念"，阐释的自我理解似乎在导言中言犹未尽，却在她言说一种他者"眼睛"的"在场"中，伏了封面选图之笔：封面上的安妮·莱博维茨是苏珊·桑塔格摄影之眼中的安妮·莱博维茨；而安妮·莱博维茨在编辑照片之时，会用苏珊·桑塔格之眼观看：

> 我们看了世界很多地方。她带我去我自己一个人绝对不会去的地方。你若和她一起去博物馆，她会看她喜欢的，然后她会让你就站在她看的地方，这样你就可以看见她眼中所见的。你不能站在离她偏左一点或偏右一点的地方。你得站在她站的地方。我在我脑海中是和她一同编辑这书的，仿佛她正站在我的身后，说着她希望在书里看到什么。（Annie Leibovitz, 2009：3）

除了与桑塔格眼睛"合视"之外，安妮·莱博维茨还说她感觉自己与赖特·达比（Wright of Derby）有"视觉亲近感"：后者随着年老更多取风景入画。她说她能看到她如何想要背对社会去画湖山。（Annie Leibovitz, 2009：4）其实，在安妮·莱博维茨的风景照中还是有她的"自我"存在。格雷马斯在他的《结构语义学》中对景观做了如下定义:"景观指环境的中心,同时也指围绕着这一中心的'环境'"(埃罗·伯格,2012:262,268)。在格雷马斯的景观概念中,"'中心'由景观围绕着的观察主体组成。环境和观察者之间的相互关系可以解释为一种交往关系,周围的自然相当于信息的发送者,景观是一种经验(信息本身),观察者是信息或者景观符号语言的接受者。因此,景观符号学关注自然与人之间的交往:风景向人'说话'"(埃罗·伯格,2012:262,268)。在安妮·莱博维茨的案例中,风景不仅向人说话,而且是人的自我投射。

安妮·莱博维茨出版的照片集《朝圣》,仅标题就反映出主体间性的交往:桑塔格终其一生都有"朝圣"情结且写有自传散文《朝圣》。这一次她毫无任务在身,只选择对她而言(对她和桑塔格而言)有意味的景观:首站是艾米莉·狄金森在阿默斯特的住所,然后是弗吉尼亚·伍尔芙在英国乡村的住所,西格蒙德·弗洛伊德在伦敦最后的家……熟稔桑塔格的读者和评论者会一一指认缘由:桑塔格不会没有考虑过艾米莉的"文学幽居"与她的戏剧《床上的爱丽斯》中爱丽斯的自囿有何关联;桑塔格很是看重伍尔夫,《黛洛维夫人》名列她的最爱书目;桑塔格曾与一生唯一婚姻对象菲利普·里夫合著《弗洛伊德:道德家之心灵》(*Freud: The Mind of the Moralist*,1959),本文的作者在博士论文中指出,她在这段婚姻里心灵创伤的情绪,弥漫进她反对弗洛伊德式心理阐释的主张,在桑塔格文化批判的"公共性"背后,隐蔽折射出她的自我主体经验。这些"旅行计划"(桑塔格写有《中国旅行计划》)显然是私密性质的——忆念与合视。至此发现,《朝圣》的立意神似俄罗斯作家列昂尼德·茨普金忆念陀思妥耶夫斯基的朝圣之作《巴登夏日》(*Summer in Baden-Baden: A Novel*,2005)(桑塔格曾为之作序《爱陀思妥耶夫斯基》)。意识中的"内心之眼"原来是可以超越死亡缰绳。除了意识中的合著,安妮与苏珊还合著过一本图文集——《女性》(当然文字出于桑塔格之手,图片则为莱博维茨所拍摄)。

4 合著《女性》:关于"女性意识"的同性对话

与莱博维茨自我宣称"我没有两种生活"不同,桑塔格实际是站在两种生活之间,矫揉造作、态度暧昧。与在图像公共批判上的否定面孔相左,她其实起到对图像艺术出版的推波助澜作用。这些图像作品集拥有一个共同点,即都是关注女性议题。除了与莱博维茨合著《女性》(*Women*,2000),桑塔格还曾为《伊莎贝尔·于佩尔:多面孔的女人》(*Isabelle Huppert: Woman of Many Faces*,2005)撰文"致伊莎贝尔"。桑塔格的自我矛盾于斯又可管窥一斑:她在公共批判领域谨慎地与女性主义运动保持距离,且常常留下不愿谈论性别问题的清高印象。莱博维茨在《朝圣》中回忆,桑塔格和她曾计划出版一本名为"The Beauty Book"的摄影集,以作为去周游她们在意与想看之地的借口(Annie Leibovitz,2011:23);在完成合著的图文集《女性》中,莱博维茨展现了20

世纪末生活在美国的不同身份女性的形象，桑塔格撰文"照片不是一种观点，抑或是一种观点"，对图像的思忖，几乎是卸负自己女性主义立场的借口。

文中，桑塔格开宗明义，《女性》主题乃是关于女性意识的嬗变，意图邀请观者做出移情反应。她在文中透露出的女性主义信念不可谓不激进："男性，不同于女性，不是一部形成中的作品"（Annie Leibovitz & Susan Sontag, 2000：20）。也就是说，她同意波伏娃的女性观：女性不是天生的，而是处境中形成的；她更着意添了一笔，女性可以被视为一部作品。在这一点上，她与安妮"我没有两种生活"的创作自白，似有某种默契，在场还有她自我塑造出的女性——《火山爱人：一个传奇》（The Volcano Lover: A Romance, 1992）中爱玛·汉密尔顿（Emma Hamilton）——的女性意识，即女性可以以塑造自我的艺术方式存在。在桑塔格眼中，《女性》中她与莱博维茨合诉的女性意识，并非女性个体的自我意识："慎读这本书的人，不会没有注意到，女性如何作为性别类型被确认，以及女性对这些刻板的挑战如何"（Annie Leibovitz & Susan Sontag, 2000：20）。这里的女性性别类型其实具有性别元符号的含义：

> 性别元符号源自特定社群的基本符号资源，它们使用表示权力和稳定性的透明能指来建构性别身份、性别规定和性别意识形态。在特定社会中，对性别的单一规范（单一的女性或男性形象、语言或风格）是不存在的。性别元符号的意义可以指涉符号活动层面，也可以指涉模仿层面。（罗伯特·霍奇，冈瑟·克雷斯，2012：109—110）

《女性》中建构的女性性别元符号能指为凝视下的女性形象（桑塔格对"形象"持嗤之以鼻之态度），桑塔格表述，她们是"美的典型、自信的典型、力量的典型、犯罪的典型、受害的典型、错误意识的典型、成功成长的典型"（Annie Leibovitz & Susan Sontag, 2000：20）。显然，桑塔格这里运用"典型"置换了"形象"。她颇有洞见地意识到，当男性被视为性别客体时，并未指涉他们的第一身份；而女性往往被视为男性情感和幻想的对象，女性作为性别存在的完备性，仍旧深深植根于语言和叙述。至此可见，在对话与交往中，莱博维茨视图像展现为叙述冲动的摄影信条，融入了桑塔格的女性观。

桑塔格的女性观绝非完全的女性性别观。这倒并不出于对她在公众场合力避显露女性主义立场的观察，而是考虑到她其实是女同性恋身份的事实。她的女性意识里，既有对女性作为"第二性"存在的思考，也有将女性作为情欲对象的投射。故而，在桑塔格眼中，莱博维茨拍摄的照片聚焦女性的吸引力、美与女性气质。这多少具有消费社会"自我陶醉"价值观的嫌疑；桑塔格将对女性外表的推崇辩护为"一种古老的勇士愉悦"（Annie Leibovitz & Susan Sontag, 2000：23）（她在"致伊莎贝尔"中进一步阐释为"希腊式的审美气派"），赫然仿佛是男性对女性的凝视。同时，她从未忘记，女性作为"被凝视"的性别存在。可以说，桑塔格的女性意识具有双重视角：作为男性意识的客体和作为同性恋意识的主体。对于后者，桑塔格在《女性》中延续了一贯的力避态度，并表现为"身体"与"意识"的极端二元论："身体传递一种信息；面孔传递另一种。面孔战胜身体，正如智识战胜美"。（Annie Leibovitz & Susan Sontag，2000：28）这倒不完全出于她诺斯替主义反身体的意识路线，还有她对同性恋身份潜在的"自我忏悔"与"自我澄清"。但是，我们也要看到桑塔格作为公共批评家的严肃性，她很快意识到，"对女性关于美的身份认同，对于女性而言不是伦理方式，美是面具，诱发投射"（Annie Leibovitz & Susan Sontag，2000：30）。

正如《女性》中"女性意识"的建构是流动的，桑塔格对女性意识的言说也是流动的。她随即看到"美"也是建构性的、可转换的、可矫饰的。据此，她转而将图像艺术视为在消费主义实践中服务于后价值判断伦理。桑塔格在图像艺术批判中实现了她自己"女性观"的调整与重塑，体现出她追求智识严肃的批评自省，以及秉持观念对话的批评敞开。桑塔格将莱博维茨通过摄影艺术呈现叙述女性意识的建构努力，视为一种非常美国性、非常现代性的信念，即相信女性作为性别元符号连续的自我建构的可能性。她非常生活化地表示，毕竟，生活往往指涉一种生活方式；而生活方式是流变的。在图文叙述中，她们宣称这样的信念：对多样性及个性的颂扬，有助于打破性别刻板的固化与僵硬，推动女性走向更丰富的经验世界，从而突破性别二元对立的壁垒。最后，她们甚至视《女性》为一项美国式的计划，开放式的、未完成的；而观者与读者可决定如何看待这些照片。桑塔格说，"毕竟，照片不是一种观点"，尽管表面看来，她在重复自己对摄影反意义的批评声音；其实至此，她是在螺旋式地上升自己的图像意识，更开放也更宽容。当桑塔格旋即自我反驳，"抑或是一种观点"，她已然超越"反对阐释"中闪光的对位思维，走向了可阐释空间更加多元化的对话空间。

5 "丑闻"背后："观看"与"被观看"的伦理错位

据说，桑塔格在写作《在土星的标志下》（*Under the Sign of Saturn*，1980）时，始终将罗兰·巴特的照片置于书案。"土星标志"实乃桑塔格自我危机之殇，借以对具有忧郁的"土星象气质"的本雅明、阿尔托、卡内蒂等内心图景的描绘，将自我投射至他者群像。所谓的土星气质，实则为诺斯替精神共同原则。虚饰在"土星标志"之下，不仅由于诺斯替教的名声，更出于桑塔格对自己性取向的拷问与罪悔。待到传记作者卡尔·罗利森（Carl Rollyson）写出传记《铸造偶像》（*Susan Sontag：The Making of an Icon*，2000），罗利森首次系统梳理了围绕桑塔格"出柜依然无望"前前后后，材料火爆不消说，问题提出有时直捣黄龙，传主在传记问世后对性取向问题转变坦率许多，传记作者往往害怕触怒在世传主，会做一些隔靴搔痒模糊化处理。2008年当卡尔为中文版作序时，似乎找到了为自己传记辩护的依据，这就是被《苏珊·桑塔格的丑闻》（*The Scandal of Susan Sontag*，2009）的作者视为桑塔格"丑闻"之一的"身后照片公案"：安妮发表了拍摄的苏珊的私照和最后时刻的照片，卡尔认为，"安妮·莱博维茨当时肯定是受到了一种传记创作力量的驱动，如果说，莱博维茨的举动冒犯了高雅趣味的原则，那么，她也表明了她的独立，并因此维护了传记要求的尊严"（卡尔·罗利森，莉萨·帕多克，2009：序3）。

在《一个摄影师的生活：1990—2005》中，莱博维茨泄露了伴侣最后十五年不同寻常深度的私密的身体的照片："睡着、在浴缸中裸体、与安妮的女儿在沙滩玩耍、在医院最后一次生病、最终死亡"（Barbara Ching & Jennifer A. Wagner-Lawlor，2009：205）。这些形象与桑塔格在公共面前一贯保持的"风格化美丽"大相径庭，暴露桑塔格身体的受难以及肉体的生活。安妮为此辩护道，她认为这于她而言很重要，因为这令她感到与伴侣靠近，且帮助她道别。莱博维茨是否有这样做的权力，我们姑且搁置这样的疑惑，可以提出的问题是，她强迫桑塔格读者去观看桑塔格身体的思想，在文学上是否道德？这恐怕也是大卫·里夫强烈指摘她不该发表桑塔格在浴缸中的身体残缺裸照（桑塔格曾接受残酷的乳腺癌手术），却对她发表桑塔格最后时刻的死亡可怖照片几乎未提的理由。莱博维茨曾告诉《卫报》记者，她曾就发表携带死亡标志的照片的伦理问题咨询桑塔格的朋友圈，她坚持她想要展示的理由在于"疾病与勇气看上去如何"（Barbara Ching & Jennifer A. Wagner-Lawlor，2009：209）；而观者则被邀请"对桑塔格的公共形象道别，以及了解关于他人的痛苦（桑塔格曾出版《关于他人的痛苦》）"（Barbara Ching & Jennifer A. Wagner-Lawlor，2009：209）。她实在还应该咨询强迫读者观看思想家的身体的伦理问题。也许，正如《丑闻》的作者相信，莱博维茨发表这些照片自有逻辑，乃是赋予桑塔格在自己受难形象面前不退却的意愿。大卫·里夫并不如斯看待"桑塔格的意愿"，里夫与她观点完全相反，他认为，如果他母亲突然死去，没有时间去被惊恐，命运对她将是仁慈得多。《死海搏击》（Swimming in a Sea of Death：A Son's Memoir，2008）的读者会看到，桑塔格疲于死海搏击，根本无时机与心境考虑身后该被如何纪念。

莱博维茨会搬出桑塔格的《疾病的隐喻》（Illness as Metaphor，1990）中对个人叙述声音价值的思忖——桑塔格在书中对疾病的思考力求超越个人的维度。然而，《丑闻》的作者眼光尖锐，看到依然存在这样的问题："在公共面前为沉默的他者见证，披露思想背后的利益为谁服务？"（Barbara Ching & Jennifer A. Wagner-Lawlor，2009：210）读完《丑闻》这段，笔者联想到陆建德先生《思想背后的利益》的题眼。桑塔格一生始终在为平衡公共人格与私人面孔之间的矛盾而紧张不已，她常常拥有想要消失的冲动："书籍是一堵墙。我将自我躲藏其后，既不被看见，也不去观看（out of sight and out of seeing）"。然而，桑塔格的性格，是抑制不住地邀请观看。著名的书评人乔纳森发现，桑塔格在审视别人的同时，也在自我审视；在自我审视的同时，又在考虑别人会如何审视自己的自我审视。他认为，这种目光的折射与叠加构成了桑塔格独特的（迷人的？）反思性。我们这些读者，倒像是偷窥者一样，偷偷地，隔着毛玻璃，看桑塔格在里面更衣。

这不，桑塔格还将内衣间开放了。安妮说的"真有趣，最终苏珊自己意愿出版日记，要知道她可是一直坚持艺术不必升腾于自我"（Barbara Ching & Jennifer A. Wagner-Lawlor，2009：211）。似乎，莱博维茨在"作者已死"那里找到了支持，桑塔格是将私密公共化（日记）；而她是使出版（以艺术的名义）超出创造者控制（照片）（Barbara Ching & Jennifer A. Wagner-Lawlor，2009：211），莱博维茨还回溯了桑塔格《关于他人的痛苦》（*Regarding the Pain of Others*，2004）的结尾部分，桑塔格对她在"伦理范围"对批判摄影"翻案"，但是她仍然对一些"良知照片"的"形象"持"逃避主义态度"。《丑闻》的作者戏仿了莎翁的"To be or not to be？"，提出"To show or not to show？To look or look away？"，不仅仅是观看伦理错位的处境，也是艺术道路选择的处境。

如果真的存在所谓"桑塔格人格"（the Sontag persona），那么莱博维茨图像叙述中桑塔格病躯、伴侣的形象，是否会彻底改观桑塔格为自己选择的自我展现的人格？而最终的展现——已死的作者人格——会怎样融入对桑塔格生活的公共叙述？我们又当如何看待这样的"融入"？

6 走出"观看中阈限"

尽管，桑塔格开放内衣间，似乎远离变风变雅，然而我们大可不必回避观看。格雷马斯的学理在这里可被严肃对待：主体在既定的情境应该怎样行动；必须做出怎样的选择？格雷马斯告诉我们，"为了支持更高的理想，为了相关的伦理选择，一定会发生主体的消失或融合"（埃罗·伯格，2012：264）。而康德一早说了，"世界上没有任何地方，世界之外也不存在任何被认为是无限善良的事情，除了善良的愿望之外"，格雷马斯在此基础上提出问题，"'意志'模态性是一切伦理的核心吗？"，姑且不去意识整个现代小说艺术受益于普鲁斯特的"无意识的记忆"颇多，恐怕也难以回避桑塔格接受的约翰·凯奇当代先锋艺术"非意愿美学"。

格雷马斯的话语虽然刺耳，但是必要，"相反的伦理理论、功利主义源于使人愉悦的伦理的正确性，它们也会让人走入死胡同"，当性别与伦理交织于观看问题，任何一个选择难免会涉及一个价值论时刻，并能够导致阐释的自我理解和另一种类型的他者概念。"延拓"这样的符号原则，在这里是不是可以取其对位的含义？桑塔格一生亲近阅读的克尔凯郭尔在生存哲学中提出第三原则，即除了美学（桑塔格对宗教持有王尔德式的感情）、伦理（桑塔格是道德中的美学家与美学中的道德家）以外的宗教性原则（桑塔格与盛赞她"大西洋两岸第一批评家"的诺贝尔文学家得主约瑟夫·布罗茨基不同，走上了宗教怀疑的道路）。最终桑塔格也未能做到克尔凯郭尔式的"在忧伤之谷，展开双翼"，恐怕我们除了在心中献祭小石子以外，更加有紧迫性考虑，重看桑塔格仍有必要，然而我们何以抵御"桑塔格的迷人"？

参考文献

[1] Ching, B. & Wagner-Lawlor, Jennifer A. edits. *The Scandal of Susan Sontag* [M]. New York: Columbia UP, 2009.

[2] Leibovitz, A. *A Photographer's Life*: 1990 – 2005 [M]. New York: Random House Trade Paperbacks, 2009.

[3] Leibovitz, A. *Pilgrimage* [M]. New York: Random House, Inc, 2011.

[4] Leibovitz, A. & Sontag, S. *Women* [M]. New York: Random House, Inc, 2000.

[5] Rollyson, C. *Reading Susan Sontag* [M]. Chicago: Ivan R. Dee Press, 2001.

[6] Sontag, S. *On Photography* [M]. New York: Farrar, Straus and Giroux, 1977.

[7] 〔芬兰〕埃罗·伯格. 存在符号学 [M]. 魏全凤, 颜小芳译. 张杰, 赵毅衡主编. 成都: 四川教育出版社, 2012.

[8] 〔美〕卡尔·罗利森, 莉萨·帕多克. 铸就偶像: 苏珊·桑塔格传 [M]. 姚君伟译. 上海: 上海译文出版社, 2009.

[9] 〔英〕罗伯特·霍奇, 冈瑟·克雷斯. 社会符号学 [M]. 周劲松, 张碧译. 张杰, 赵毅衡主编. 成都: 四川教育出版社, 2012.

[10] 〔美〕苏珊·桑塔格. 论摄影 [M]. 黄灿然译. 上海: 上海译文出版社, 2010.

Ethics and Gender of Seeing: A Study of the Intersubjective Dialogues on Image Arts Between Susan Sontag and Anne Leibovitz

Zhang Yi

(Nanjing University of Science & Technology)

Abstract: In the field of semiotics and other adjacent fields, there emerge generous discussions on subject and subjectivity, which not only impels philosophic turn of post existentialism from "I think, therefore I am" to "I look, there I am", but also impels the turn from subject gaze to photograph occupancy in the cognitive paradigm. Based on the idea of "The concept of a symbol itself is ultimately an axiological entity" by famous semiologist Greimas, this paper proposes a case study to investigate the dialogues of image arts between Western famous author and critic, one of the most important public intellectuals Susan Sontag and one of the most important photographers who are labeled "Zola in photographers" Anne Leibovitz. This paper points out, on one hand, the cause of why Sontag criticizes image arts in public criticism lies in her stand of Jean Baudrillard's "against image consumerism" while Leibovitz vindicates sight photography with a stand of "personal narrative voice"; on the other, although when they co-create Women images, they co-construct female consciousness into interpretation available open gender metasymbol through dialogues. Leibovitz publishes Sontag's body suffering photographs without permission yearning ethic controversy, which reflects complex situation of ethic dislocation of seeing. Through analysis of intersubjective dialogues on image arts, this paper regards seeing as kind of subjective projection and intersubjective association and has ethic introspection especially when gender issues involve. At last, this paper proposes a question how to transcend gender visual angle in order to debouch beyond seeing threshold.

Keywords: seeing; ethics; gender; dialogues on image arts

作者简介

张艺，女，南京理工大学外国语学院讲师，文学博士，主要研究方向艺术符号学与艺术理论。

基金项目

江苏省哲学社会科学青年基金项目《苏珊·桑塔格与诺斯替主义研究》（项目号11WWC010）；南京理工大学自主科研项目《"图像"与"叙述"：桑塔格旅行创作"对话性"研究》（项目号30920130132033）。

近三十年我国时空体理论研究概述

郑季文

摘　要：时空体是巴赫金文化符号学的核心概念之一，该理论旨在研究艺术作品是如何通过符号的表现形式对现实世界中的时间与空间进行把握的。本文从时间角度将国内时空体理论研究分为三个阶段，并分别介绍了每个阶段的重要研究成果。从总体上看，近30年我国时空体理论研究大体上呈现了一种从一到多、再从多到一的螺旋式上升发展过程。在这一过程中学界深化了对于时空体相关概念和理论内涵的把握，进而在当前研究的基础上，文章尝试对时空体相关的研究趋势进行总结。

关键词：巴赫金　时空体　研究概述　文化符号学

1 前言

国内时空体理论研究起步较早，成果颇丰。本文从时间角度将国内时空体理论研究分为三个阶段，第一阶段是从1991年至2009年，该阶段的研究注重对时空体的基本概念和定义进行探讨；第二阶段是从2009年至2016年，该阶段出现了很多从不同视角解读时空体理论的文献，呈现出多元化的研究特色；第三阶段是从2016年至今，该阶段的研究回归时空体理论本身，注重对其理论内涵做更深层次的把握，从而为今后时空体理论研究的展开奠定了基础。从整体上看，国内时空体理论的研究历程可以概括为：首先厘清时空体的相关概念，然后将时空体理论展开应用于不同的研究领域，接着回归时空体概念做进一步理论挖掘。在此基础上，本文对我国时空体理论研究的发展方向进行了展望。

2 第一阶段：1991—2009

目前能够查找到的国内最早研究时空体理论的文献是晓河发表于1991年的《巴赫金的"赫罗诺托普"理论》。该文对"赫罗诺托普"（时空体的音译）理论进行了全面且细致的介绍，开创了我国时空体理论研究的先河。文章指出："真实的历史的时间和空间是不可分割的，文学艺术作品中的一切时空规定，在活生生的艺术关照下，也是不可分割的"（晓河，1991：85），从而较为清晰地阐明了时空体的定义，但是在这篇文章发表后国内学界并没有开始重视时空体理论。直到2000年万海松发表了《巴赫金的时空体理论及其对研究〈上尉的女儿〉的意义》，他在文中认为："巴赫金进行学术研究得出的三大理论成果是对话—复调理论、时空体理论、狂欢化理论，其中，'对话是巴赫金思想的中心主题'这一点似乎可以成为定论了。可是，其中的时空体理论在我

70

国却一直最少得到研究"（万海松，2000：46）。进而指出了我国学界对于时空体理论研究的不足。在那之后国内学者才逐渐开始重视时空体理论，相关的研究文献也越来越多。

从 2000 年至 2009 年相继出现了多篇研究时空体的相关文献。例如王志耕发表了《基督教与陀思妥耶夫斯基的'历时性'诗学》，这篇文章对时空体理论的基本概念进行了介绍，并指出："艺术时空体与物理时空体的共同特征是，时间与空间需要互相印证与评价，在某种意义上说，艺术中的空间以时间为尺度，而时间同样以空间为尺度"（王志耕，2001：98）。因此该文认为时空体是一种在艺术作品中时间与空间互为尺度的理论。以此为依据，该文分析了巴赫金的陀思妥耶夫斯基研究中提到的"门槛"时空体，并指出"门槛"时空体只重视了陀思妥耶夫斯基小说中"共时性"的一面而忽略了"历时性"诗学的层次。2002 年张进和李昭梅发表了《论巴赫金的历史诗学》，他们认为传统的"思辨的历史诗学"强调了历史发展过程对文学创作的决定性作用，从而使一些学者在文学研究过程中过于重视历史决定论和历史目的论，忽略了文学理论本身。另一方面，反对传统历史诗学的后现代文论又过于忽略社会历史对于文学的影响作用。而时空体理论构建了新的历史诗学，该理论："既在广阔的视野下思考一般诗学问题，又具有一定的批评针对性（主要针对长篇小说）；既有严密的体系性，又有调和与综括其他理论学说的功用"（张进、李昭梅，2002：25），进而阐明了时空体理论既能够超越传统历史诗学又能够解决后现代问题的意义与价值。

2002 年梅兰发表了《狂欢化世界观、体裁、时空体和语言》一文，这是国内首篇将巴赫金的狂欢化理论与时空体联系起来的研究论文。该文解读了拉伯雷小说中的"狂欢化时空体"。她指出："文学正是要依赖某种遥远而开放的大记忆以重新领悟时间的完整性……拉伯雷的激情是力图使时空世界摆脱官方的、教会的世界观的那种彼岸性，即摆脱对世界的纵向发展的象征式和等级式理解"（梅兰，2002：13）。也就是说，巴赫金的时空体理论重视历史性和时间的完整性，但并不拘泥于当下的时空世界，"狂欢化时空体"正是代表了拉伯雷对于欧洲中世纪封建等级制度的反抗精神。2005 年潘月琴发表了《巴赫金时空体理论初探》，这是继晓河之后国内较早的对时空体理论进行整体概念把握的论文。该文认为："'时空体'指的不是在文学作品中所呈现的单独的时间和空间，而是它们之间密不可分的相互关系，是文学作品中时间和空间彼此相互适应所形成的一个统一的整体，或者更具体地说是时间和空间相互结合形成的某种相对稳定的模式"（潘月琴，2005：60）。除此之外，该文还认为："时空分析法实际上是一种把情节、人物、体裁等作品各要素结合在一起进行研究的方法，内容和形式两个方面都可以在其中得到观照"（潘月琴，2005：63）。进而指出了时空体理论将小说形式研究与内容研究相结合的方法论特征。但该文并没有阐述时空体研究文学作品的具体方法，而是认为时空体理论具有高度的抽象性，因此其方法有待进一步挖掘与开拓。

2006 年方国武发表了《试析巴赫金小说时空体理论的诗学特征》，这是国内首篇将巴赫金的复调理论与时空体理论结合起来研究的论文。文章指出："传统的文学理论家总是一味地寻找小说中线性的历史时间，而忽略空间的共存与时间的有机统一。在对复调小说中时空体的理论阐释中，巴赫金特别强调了时空的有机融合，即历时的一切事物共存在同一空间中"（方国武，2006：108），从而阐明了复调理论中时间与空间的结合问题。2007 年李茂曾发表了《成长的世界图景——论巴赫金的小说'时空体'理论》，该文对巴赫金的歌德研究进行了分析，并指出："被卢卡奇描述为僵死的、静止的、毫无意义的现代世界在歌德那里变成了一个动态的、充实的、完满的世界"（李茂曾，2007：112）。换言之，时空体理论虽然非常重视时间性，但并不是将静态的、僵死的线性历史时间凌驾于空间之上，而是时间与空间在文学作品中的动态结合，这一动态结合在歌德的文学作品中达到了顶峰，从而呈现出人与世界共同成长与发展的意蕴。2007年程锡麟发表了《叙事理论的空间转向——叙事空间理论概述》，这篇文章虽然主要概述了叙事空间理论，但在文中也提到了巴赫金的时空体理论，并将时空体理论作为一种叙事空间理论进行了解读。与之前国内学界相对重视时空体的时间性不同，这篇文章以空间视角切入时空体，从而为当时国内的时空体研究带来了新的视野。

从总体上看，该阶段的研究注重对时空体的基本概念和定义进行探讨。对于时空体是文艺作品中时间因素和空间因素的有机结合之基本概念，学界已经有了共识。但是在具体分析文学作品时，到底应当强调作品中的时间因素还是空间因素，这一点还有争议。从上文的分析中可以看出，该阶段的研究比较注重时空体中的时间因素和历史性，但时空体中的时间因素和空间因素是同等重要的，这也使得下一阶段的研究重心逐步开始向时空体的空间因素方向发展。

3 第二阶段：2009—2016

随着叙事空间理论的影响力在国内学界逐步扩大，2010 年朱桃香发表了《论叙事空间结构》一文，并指出："文学的时间霸权和历史霸权剥夺了文学的空间话语权，叙事空间议题受到重视只是近年来的事情"（朱桃香，2010：109）。从而对过去的文学研究过于注重时间性和历史性的现象提出了批评，在她看来："巴赫金将时间和空间融合到一个'时空体'（chronotope）框架中，提出最早而且有意义的叙事空间框架构想"（朱桃香，2010：107），进而她将时空体理论视为叙事空间理论的先导之一。2012 年董晓烨发表了《文学空间与空间叙事理论》，该文认为："时空体是时间在空间中物质化的首要方式，它是表征小说各种主题要素和情节意义的手段，也是区分叙事类型特征的基础"（董晓烨，2012：118）。换言之，时空体中的空间因素是时间因素物质化的首要表现形式，而且是表现小说主题和情节意义的重要手段，因此有必要重视空间因素。此外，该论文还对文学作品中的不同空间因素进行了划分，指出文本的结构空间、读者的认知空间以及其他媒介叙事空间等都是值得研究的文学空间因素。而国内的时空体研究更多只是将作品中的"场景"视为空间因素，这是不够完善的。

2012 年孙鹏程发表了《形式与历史视野中的诗学方案——比较视域下的时空体理论研究》，这是国内第一部较为系统地阐述时空体理论的研究专著。该书对时空体的理论渊源、时空体的概念、时空体理论中的文艺学思想以及时空体的方法论等各个方面都进行了论述。同时该专著还以症候阅读法、解释学、深层历史阅读法等多个视角对时空体理论进行解读，提出了一些具有启发性的见解。在方法论层面上，该著作认为时空体理论是："对维谢洛夫斯基历史诗学的一种发展"（孙鹏程，2012：161）。也就是说时空体理论是从历史类型学角度出发，将不同时空、不同民族的文学作品划分出不同类型，并进行比较研究的方法。同时巴赫金还吸收了马克思主义文论的历史批判方法，在将历史批判与形式研究相结合的同时将哲学理论与具体文本研究相结合，进而构建了时空体理论的独特研究方法。

2014 年张杰发表了《文本的智能机制：界限、对话、时空——对 19 世纪俄罗斯文学史研究的反思》，该文从 19 世纪俄罗斯文学史的研究角度对时空体的智能运作机制进行了分析，创造性地提出了文学文本中左半脑和右半脑的划分，即："在每一个人物的心灵世界内还存在着一个时空体，一个矛盾对话的、不匀质的时空体，随着时间的推移，这组对话不停地碰撞，向读者不断地敞开，形成一种开放的智能机制"（张杰，2014：136）。也就是说，在同一部文学作品中除了存在着反映当时社会现实的时空体，在小说人物的心灵世界中也存在着一个时空体，该时空体是理性的左半脑和感性的右半脑之间矛盾对话的时空，正是这一时空体内部的矛盾和发展使作品产生了动态变化的潜能，赋予其无限的解读潜力。

2016 年卢小合发表了学术专著《艺术时间诗学与巴赫金的赫罗诺托普理论》，该书分为上下两篇，上篇研究艺术时间诗学，下篇研究时空体理论。卢小合从艺术时间诗学的研究角度切入，对巴赫金理论生涯中不同时期时空体理论的生成与发展做了相当全面的论述。此外他从整体视角对时空体理论的特点、时空体理论产生的根源、时空体在巴赫金小说理论中的地位与意义都做了详尽的概括。在时空体理论的研究意义层面上，卢小合将其概括为：1. 时空体的情节构成意义；2. 描绘或表现意义；3. 体裁及人物形象的描绘意义；4. 通过时空体把握真实的、历史的时间与空间；5. 通过对作品时空的分析把握作者立场、创作意图和形式方法。在此基础上卢小合指出："对话也好，狂欢化也好，是以赫罗诺托普为基础的。不同的赫罗诺托普是构成对话以及狂欢化的前提条件"（卢小合，2017：283）。进而他将时空体理论视为巴赫金其他理论创新的前提条件，对时空体的理论价值给予了高度评价。可以说，卢小合的专著对于时空体理论的阐释与分析是相当深刻的，为下一阶段我国学界回归时空体理论本身，对其概念和意义做更为深层次把握的研究方向奠定了基础。

概而言之，该阶段对于时空体理论的研究重心开始从时间因素转向空间因素，同时对时空体的相关概念与意义的探索也在不断地深化，呈现出多元化的研究特色。对于空间因素的强调使时空体理论在一定程度上摆脱了时间因素的束缚，从而产生出更多的研究视角。但巴赫金本人曾说过："在文学中，时空体里的主导因素是时间"（巴赫金，2009：270）。研究视角的不断展开有利于理论创新，但也可能导致脱离该理论的原本意蕴，因此在下一个研究阶段中，学界回归时空体理论本身，注重对其理论内涵做更深层次的把握。

4 第三阶段：2016 至今

2018 年章小凤发表了《时空体》一文，该文回归时空体的理论渊源和文学领域中的时空体概念，从这两个角度展开论述，并指出时空体理论发展过程中存在的问题。在该文中章小凤首先从自然科学角度追溯了时空体的理论渊源，指出时空体的概念在生理学家乌赫托姆斯基、物理学家爱因斯坦、数学家闵可夫斯基、哲学家柏格森和沃尔纳德斯基等人的理论中都能找到萌芽。同时该文指出，时间与空间实际上是 20 世纪自然科学和哲学讨论中的一对本质范畴，对于时间和空间的认知是人类认识现实世界的必要手段，因此"时空体在艺术认知上起着至关重要的作用"（章小凤，2018：91）。可以说文学中的时空体概念是特定时代人类认识现实世界的特定时空形式在特定文学体裁中的反映。因此章小凤认为："任何一种唯空间论或者唯时间论都在挤压时空体概念，很可能导致时空体理论最终走向变形"（章小凤，2018：95）。换言之，时空体中的时间因素和空间因素是同等重要的，因此在研究文学作品中的时空体时既要避免唯时间论也要避免唯空间论。

同年薛亘华发表了《巴赫金时空体理论的内涵》，在把握时空体概念内涵的基础上探讨了时空体的三个层次，即："从时空关系审视世界的世界观、情节组织的功能场、具体可感的艺术形象"（薛亘华，2018：36）。第一个层次指作家认识现实时的世界观，即"将时间和空间结合来看待并描述生活的视角"（薛亘华，2018：38）。通过分析作品中的时空体，可以看出作家看待现实世界时的时空认知形式，从而把握其世界观。第二层次指时空体作为小说情节组织的功能场，小说独特的时空表现形式决定了作品的情节表达和体裁类型。第三层次指时空体作为小说中具体的艺术形象，即时空体形式在小说中具体场景或人物身上的体现。这三个层次相互渗透、彼此转换，使小说的意蕴得以无限增殖。薛亘华的三层次划分法对于从整体视角把握时空体的基本概念具有启发性。

2019 年，程正民发表了专著《巴赫金的诗学》，在该书中有一节专门论述了时空体理论。这一节主要阐述了古希腊罗马小说、骑士小说、拉伯雷小说、歌德小说以及陀思妥耶夫斯基小说中的时空体，并且对时空体的研究意义和理论贡献进行了概括。程正民将时空体的研究意义概括为："情节意义、描绘意义、体裁意义"（程正民，2019：236）。情节意义是指时空体作为小说情节组织的中心；描绘意义指小说中的时间因素通过空间因素来描绘，空间因素通过时间因素来描绘的时空不可分割关系；体裁意义指小说的体裁和体裁类别主要是由时空体决定的。从理论贡献角度程正民指出时空体理论的三大贡献：第一，巴赫金首先提出时间与空间不可分割的文学理论；第二，巴赫金不仅从形式角度研究时空体，而且将形式研究与内容研究结合起来；第三，巴赫金重视从历史角度看待时空体，不将其看作是一成不变的，而将其看作动态发展的历史过程（程正民，2019：236）。可以说这部分论述对于时空体理论的研究意义和理论贡献做了相当全面的总结。

除了回归时空体理论本身，作为上一阶段的延续，该阶段也出现了一些从不同视角研究时空体的文献。例如毕晓的《钱锺书〈读《拉奥孔》〉的理论根基——时空体与境界说》，将时空体与钱锺书的境界说进行了比较研究，进而指出钱锺书的境界说和巴赫金的时空体都是在反对莱辛时空分割理论的基础上产生的，因此："境界的营造与本文所论述的时空体的创造是相同的"（毕晓，2018：95），从而阐述了时空体理论与境界说在理论内涵上的联系。2019 年，宋旸发表了《社会语言学视域中的时空体研究综述》，从社会语言学视角探讨了时空体理论与社会语言学的关系。他指出："近年来，社会语言学中的身份认同研究日益重视时间和空间的研究维度，也因此引入并日趋重视时空体的概念"（宋旸，2019：20）。该文章对于时空体理论的跨学科层次也具有一定的启发性意义。此外，在该阶段使用时空体理论分析具体文学作品的文献也越来越多，例如汪磊的《试论〈日瓦戈医生〉的时空叙事艺术》和高建华的《库普林俄国时期小说的叙事时空特性及伦理价值》等。

总而言之，该阶段的研究在回归时空体理论的基础上，进一步阐明了时空体理论本身的相关概念和意义，并且也有更多的学者开始重视时空体理论在文学领域和其他研究领域中的重要价值，从而为今后研究的进一步展开奠定了基础。

5 我国时空体研究的发展趋势

从时间向度来看，国内的时空体理论研究大体经过了三个阶段。其发展历程如下：第一阶段，我国的研究注重时空体理论本身，对其概念和定义进行了初步探讨，同时也开始运用该理论分析文学作品；第二阶段，在把握了时空体理论的基本概念后，不少学者将其运用于不同的研究领域，从而使时空体研究呈现出多元化的趋势。但在具体运用该理论时也发现了一些对其概念把握的不足之处；第三阶段，我国学界回归时空体理论本身，对其概念、研究价值和意义进行更为深入地把握，同时也尝试将其运用于具体的研究领域。从总体上看，我国的时空体理论研究大体上呈现了一种从一到多、再从多到一的螺旋式上升发展过程。在这一过程中学界对于时空体的相关概念和理论意义的理解不断深化，在第三阶段时达到了一个较为全面的层次。

时空体理论在文学领域以及其他相关领域中具有重要的研究意义与价值。在研究文学作品中的情节结构、人物形象、表现形式、艺术体裁、历史背景等诸多方面，时空体理论都表现出强大的理论阐释力，因而其具备较强的理论潜力。我国的相关研究在时空体的概念、价值和意义等方面已经进行了比较深入的挖掘。但需要指出的是，在时空体的方法层面，目前还没有形成较为统一的共识。我国学者汪介之指出："文学研究方法是研究者们一直热衷于议论的话题，但往往忘记了'方法'的两个层面，即方法论原则和具体方法"（汪介之，2020：90）。很多学者都讨论了时空体理论的具体方法，但是对于其方法论原则涉及较少。具体方法可以是多种多样的，而方法论原则是稳定不变的，对于时空体的方法论原则方面我国的相关研究还有所欠缺，因此，对于时空体方法论原则的探讨或许会成为未来我国时空体理论研究的发展方向之一。

参考文献

［1］巴赫金．巴赫金全集（第三卷）［M］．白春仁、晓河译．河北：河北教育出版社，2009.

［2］毕晓．钱锺书《读拉奥孔》的理论根基——时空体与境界说［J］．俄罗斯文艺，2018（1）：89－96.

［3］程正民．巴赫金的诗学［M］．北京：中国社会科学出版社，2019.

［4］董晓烨．文学空间与空间叙事理论［J］．外国文学，2012，235（2）：117－123，159－160.

［5］方国武．试析巴赫金小说时空体理论的诗学特征［J］．安徽农业大学学报，2006，28（2）：107－110.

［6］李茂曾．成长的世界图景——论巴赫金的小说"时空体"理论［J］．解放军外国语学院学报，2007，30（3）：108－112.

［7］卢小合．艺术时间诗学与巴赫金的赫罗诺托普理论［M］．北京：北京大学出版社，2017.

［8］梅兰．狂欢化世界观、体裁、时空体和语言［J］．外国文学研究，2002（4）：10－16.

［9］潘月琴．巴赫金时空体理论初探［J］．俄罗斯文艺，2005，16（3）：60－64.

［10］宋旸．社会语言学视域中的时空体研究综述［J］．外语学刊，2019，209（4）：20－25.

［11］孙鹏程．形式与历史视野中的诗学方案——比较视域下的时空体理论研究［M］．浙江：浙江大学出版社，2012.

［12］万海松．巴赫金的时空体理论及其对研究《上尉的女儿》的意义［J］．俄罗斯文艺，2000，13（3）：46－49.

［13］汪介之．四十年来外国文学研究的成就、问题与思考［J］．江西社会科学，2020（4）：86－92.

［14］ 王志耕. 基督教与陀思妥耶夫斯基的"历时性"诗学［J］. 外国文学评论，2001
（3）：98 - 108.

［15］ 晓河. 巴赫金的赫罗诺托普理论［J］. 苏联文学联刊，1991，12（1）：79 - 86.

［16］ 薛亘华. 巴赫金时空体理论的内涵［J］. 俄罗斯文艺，2018（4）：36 - 40.

［17］ 张杰. 文本的智能机制：界限、对话、时空——对 19 世纪俄罗斯文学史研究的反
思［J］. 外国文学研究，2014，36（5）：131 - 137.

［18］ 张进，李昭梅. 论巴赫金的历史诗学［J］. 天水师范学院学报，2002，22（3）：
18 - 22.

［19］ 章小凤. 时空体［J］. 外国文学，2018，271（2）：87 - 96.

［20］ 朱桃香. 论叙事空间结构［J］. 湘潭大学学报（哲学社会科学版），2010，34
（1）：106 - 109.

A Study on the Chronotope Theory in China in the past 30 years

Zheng Jiwen

（Nanjing Normal University）

Abstract： Chronotope is one of the core concepts of Bachkin's cultural semiotics. The purpose of this theory is to study how art works grasp the time and space in the real world through the form of symbols. In this paper, the domestic Chronotope theory research is divided into three stages from the point of view of time, and the important research results of each stage are introduced respectively. Generally speaking, in the past 30 years, the theoretical research of Chronotope in China has shown a spiral upward development process from one to more, and then from more to one. In this process, the academic circles continue to deepen the interpretation of the related concepts and theoretical connotation of Chronotope, and then on the basis of the current research, this paper attempts to summarize the research trends and concepts related to Chronotope.

Keywords： Bachkin；Chronotope；overview of research；cultural semiotics

作者简介

郑季文，男，南京师范大学外国语学院博士研究生，主要从事文化符号学和日本文学研究。

译文选登

卡尔·布勒 （Karl Bühler，1879—1963）

托马斯·西比奥克 著　单　红　吕红周 译

译者弁言

由本维尼斯特（Émile Benveniste）、格雷马斯（Algirdas Julien Greimas）、雅各布森（Roman Jakobson）、克里斯蒂娃（Julia Kristeva）、洛特曼（Jurij M. Lotman）和西比奥克（Thomas A. Sebeok）发起创立于1969年的国际符号学学会集合了来自世界各大洲的65个国家的符号学专家。国际符号学学会每五年举行一次国际大会，分别在米兰（1974）、维也纳（1979）、巴勒莫（1984）、巴塞罗那与佩批尼扬（1989）、瓜达拉哈拉与墨西哥城（特殊补充会议，1997）以及德雷斯顿（1999）、法国布隆（Bron，2004）、芬兰（2007）、西班牙（2009）、南京（2012）、保加利亚（2014）、立陶宛（2017）、阿根廷（2019）举行。"卡尔·布勒"是西比奥克为第二届国际符号学大会（The 2nd Congress of the International Association for Semiotic Studies）写的发言稿，于1979年7月5日刊发在奥地利首都维也纳"维纳·埃尔贝"（"Wiener Erbe"）系列上。

关于布勒在符号学史上的地位，西比奥克（Sebeok，1987：143）这样评价："布勒是符号学发展史上的一位转折性人物，毫无疑问，还是一个具有精湛技巧的学者，但布勒能否被擢升为脚注之外的关键人物，需要等待符号学编年史问世的时候才会公布。"西比奥克的评价说明了布勒的特殊地位，因为从现代学科角度讲，布勒属于心理学领域的学者，他的研究都是基于医学、心理学的一种拓展，但又因为布勒在不同领域的成就，很难将布勒划定一个位置。因此，我们需要了解心理学史、哲学谱系知识、语言学、交际学、控制论、信息论、数学等，才能更好或更加全面地去了解布勒的研究范围。受限于知识和视野，我们在此仅依据西比奥克对布勒的一生的回顾，简单梳理和勾勒布勒的符号学思想。

第一，符号学色彩的言语行为理论。布勒是强调实验法，这也是布勒在与冯特争论时一夜成名的重要原因。在思维和语言的关系问题上，布勒认为思维独立于文字表达，句子层在逻辑上高于词汇层。这种层级的划分和理解是布勒格式塔理论或整体理论的显现，这一点与索绪尔的系统观一致，即语言是一个整体，是从上向下的划分才得到了语言的各种层级单位。

第二，布勒的三元论工具模型（triadic organon model）影响了雅各布森的语言功能观，并在布勒语言三功能基础上提出了语言六种功能。

第三，布勒的符号功能理论与乌克斯库尔的"环境"概念有相似之处，都是定位于符号学。布勒将符号视为知识获取的工具，符号学则研究和分析知识获取过程中的各种要素间的关系、操作过程等问题。

第四，布勒的语词符号个体发生研究是对符号学的前沿性贡献。

第五，布勒关于表征（representation）和表达（expression）的区分，强调了人类语言或自然语言与动物符指过程的本质区别。这为语义学提供了启示，一个句子的意义不单是由词的组合决定的，还需考虑说话人和听话人的认知结构，这就将符义学和语用学问题紧密联系起来。语词符号的表征功能是基于一种抽象相关性，即符号和符号所表征的对象和事件的状态之间的联结方式。布勒 1933 年出版了《表达理论》，详细论述了他对表达行为的研究，在语言与行为的关系问题上，布勒认为语言是行为的表达，也因此语言是行为的副现象。表达行为还和人的自由意志相关，如果违背意志的则是谎言。布勒为表达理论的设想是发展成一门合成符义学（synsemantics）。

第六，布勒对符号学的跨学科认识。布勒的符号学理论涉及医学、心理学、交际理论、控制论、信息论、数学的递归性、生物学的体内平衡和自我修正、哲学等。

第七，布勒的三元关系。语言三功能（表达、表征、呼吁）、言语行为的三元关系（行为者、行为领域、行为者的需要和机会）、符号三元（信号、症候符、象征符）、表征三位一体（客观意义、音位标记、域符号）等。

《卡尔·布勒》译文

1 背景

那些试图去重新评价以前重要人物学术水平的人们很快会发现自己陷入了一场混乱，他们更有可能仅仅去描述自己的贡献。当我们尝试去重新介绍过去几十年间的重要人物时，这种自我定义的过程可能会使用特殊力量，随着哈普斯堡皇室（Habsburg Hausmacht）政治和文化的衰落——一个帝国衰落的时代被恰当地描述为"永远绝望，但从不严肃"——因为我们中的有些人一直沉浸在性格形成时期相同的氛围中。随后是一个充满无限可能的时代，建立新的制度和社会实践，简言之，新奥地利共和国。在当代奥地利，知识分子们有许多机会推行一个有效的社会民主体系，这在哈普斯堡王朝极端保守主义时期是无法实现的。正是在这个前所未有的社会危机时期，布勒（Karl Bühler，1879—1963）在奥地利改革中作为主要理论家发挥了作用，他的"无意象思维"（imageless thought）和"意识规则"（rule awareness）在此前已经酝酿了十年或更长的时间（Bartley，1973：144）。卡尔·波普尔（Karl Popper）和路德维希·维特根斯坦（Ludwig Wittgenstein）这些日后的学术巨擘已经崭露头角，他们参加了教师培训课程（Janik and Toulmin，1973：288）。二战的爆发将这些创造性的发展一扫而空。回顾过去这几十年依然是有益的，因为它至少会减少我们当代幸存者认为自己完全创新性的自鸣得意和自欺欺人的满足感。当我们回溯到战争时期的维也纳，我们必须注意到两个基本事实：第一，无论在时间中还是空间中，我们都不能忽视所有人的倾向去抓住某一个引人注目的时刻，通过加强我们自己的偏见而得出结论；第二，在布勒居住在维也纳的这段时期，这个城市已经成为世界毁灭的试验场。乔治·斯坦纳（George Steiner，1979：101）总结得很好："就像华尔兹的调子，wien，wien，nur du allein。维也纳是焦虑年代的首都，犹太天才们的中心，大屠杀将从这座城市蔓延开来。"所有这些在科学领域早有先兆，布勒《心理学的危机》（*Die Krise der Psychologie*）出版于 1927 年，1929年发生了世界经济危机（Wellek，1959）。

"维也纳遗产"（Viennese Heritage）系列讲座的目的，我现在协助做的是纪念和庆祝奥地利在现代符号学研究中多元而独特的角色。我的特别任务是观察卡尔·布勒的贡献，他既不是出生于奥地利，也没有在奥地利接受教育，虽然他是农民出身，但在一个信仰自由的家庭中长大（他父亲是一个新教徒，他母亲是一个天主教徒，布勒跟随母亲也信仰天主教），布勒被迫离开这个国家，1938[①] 年后在美国定居。但布勒却是在维也纳获得了国际声誉，从 1922 年开始，在维也纳居住的 16 年是他最多产的时期（Lebzeltern，1969：25）。

布勒于 1879 年 5 月 27 日出生在德国海德堡附近的梅克斯海姆（Meckesheim），就读于德国弗莱堡大学。1903 年在著名生理学家约翰内斯·冯·克里斯（Johanness von Kries）指导下，写了一篇有关颜色视觉理论的论文，开展了实验性研究，即眼睛对光和黑暗的适应性限度，并获得了医学博士学位（M. D.）。他一生致力于心理学研究，在弗莱堡时期奠定了重要基础，最终是获得了斯特拉斯堡大学的哲学博士学位（Ph. D.）。1904 年布勒提交给鲍姆克尔（Clemens Bäumker）他的第二篇生理学绪论的论文，是关于 18 世纪思想家亨利·霍姆（Henry Home，又称为 Lord Kames）的美学观。猜测亨利·霍姆对布勒的影响是有趣的，尤其是苏格兰道德哲学家们关于联想律（laws of association）和关系品质的讨论，布勒特别关注时间和空间中的邻近性（contiguity，现在有些人称为指示性 indexicality），相似性和相异性（resemblance and dissimilitude）或者象似性（iconicity），以及基于因果律的经典指称概念（Miller，1979），与全球统一（global uniformity）背景相对的表面变化（surface variation）。

布勒有一段时期在斯特拉斯堡从事医学学习，专攻眼科学（Lebzeltern，1969：13）。

随后在弗莱堡，布勒成为克里斯（Johannes von Kries）的助手，然后去柏林继续学习，师从研究康德的逻辑学家和心理学家班诺·厄德曼（Benno Erdmann），他认为判断的核心是述谓关系（predicative relation）——这是言语行为（illocutionary act）的一个

---

① 按照西比奥克（Sebeok，1987：133）的讲述，布勒 1938 年 3 月被捕，第二年经奥斯陆到达美国，这样应该是 1939 年。

原型，因为它是在言说一个句子的过程中完成的——一个在很大程度上受到了符号学影响的表达（formulation）。卡尔·斯图姆夫（Carl Stumpf）把实验现象学引入了心理学，是格式塔心理学最重要的先驱者之一，是 1900 年成立的柏林儿童心理学协会（Verein für kinderpsychologie）的联合建立者，布勒在之后的八年间积极研究儿童心理学，但夏洛特·布勒（Charlotte Bühler）在这一研究领域表现得更为突出。

2 布勒和符号学暗示

1906 年，布勒前往乌兹堡（Würzburg）获得一份助理的工作，和奥斯瓦尔德·库尔佩（Oswald Külpe，威廉·冯特的第二任助手）亲密合作，获得了哲学讲师资格。这部专著以三篇系列论文的形式于 1907 年到 1908 年间发表在《心理学档案》（*Archiv für die gesamte Psychologie*），基于思维过程心理学的实验研究，全名为"思维过程的心理学事实和问题"（Tatsachen und Probleme zu einer Psychologie der Denkvorgänge）。布勒对"什么是思维"的分析受到库尔佩（Oswald Külpe）原创概念的强烈影响，即"无意象知识"（imageless knowledge，在布勒的术语中使用的是 thought），"决定趋势"（determining tendency，1905 年纳齐斯·阿赫［Narziss Ach］新创的用来描写无意识过程的术语，从自省隐藏，引导思考遵循正确的方向；参考 Rapaport，1951），意识（awareness），任务设置（Aufgabe），设置（Einstellung），以及系统性实验自省技术（systematic experimental introspection）。第二部分的大部分内容（部分章节直到 43 年后才出版了英语版本［Rapaport，1951：39—57］）是关于思维的理解（Auffassen）和句子的理解（Verstehen），符号学家们会把这种功能译为"理解"（understanding）或"阐释"（interpretation）。布勒的一个重要结论是，"理解"（Verstehen）发生在整体之间。他马上意识到，这种经验与语言心理学的一个问题正好相反，统一的思维是如何通过词的组合意义来区分的，或相反，词义如何建立思维的整体而被理解的？再换一种说法，布勒的数据还不足以解决这样一个问题，即关于格式塔产生的更广泛问题，这里几乎没有谈到这个思想史上历史悠久和复杂的问题（Egon Brunswik，1929）。关于语言和符号串（semiotic strings）变体构造涉及这个问题和关于"整体和部分张力范围"的其他问题，雅各布森（1963）给了准确解答，他间接提到（1971b：715）布勒的开创性想法，还明确列举了其他一些人物，如皮尔士、弗雷格、胡塞尔、萨丕尔等。随后在 20 世纪 20 年代后期 30 年代初，布勒重新回归（至少四次单独的场合）句子理解的特征体验，作为意识关系出现达到顶峰的一个完成性操作。

库尔佩自己的实验最终从冯特的要素研究转向布伦塔诺（Brentano）的行为研究，布勒的研究引发了与冯特的争论，焦点在于非精确实验方法和回顾性内省法的合法性，至今仍存在内省法与思维经验价值的争论（Lieberman，1979）。勒布则尔坦（Lebzeltern，1969：15）指出，布勒和冯特的长期争论使得这个年轻学者"几乎一夜成名"

（in der Fachwelt gleichsam über Nacht berühmt）。布卢门撒尔（Blumenthal，1974：1114—1116）很好地总结了他们之间争论的主要观点，这里无须再次重复。布勒的观点是，思维看起来是独立于文字表达的，句子的意义在层级上高于词的意义（这是他和冯特都同意的原则），1919 年之后这一观点最终成熟，发展为具有符号学色彩的言语理论。

1909 年库尔佩去波恩，1913 年来到慕尼黑，而布勒于 1913 年跟随库尔佩来到慕尼黑并获得一个无任期保障的副教授职位。1916 年，37 岁的布勒娶了他 22 岁的学生夏洛特（Charlotte Malachowski），她曾经是胡塞尔的追随者，最后成为一个著名的心理学家。一战结束后，布勒成为德累斯顿科技学院的正教授，4 年后，这对夫妻受奥托・格洛柯（Otto Glöckel）和他的同事们的邀请搬到了维也纳，在那里布勒成为教授，夏洛特是他的助手。布勒在维也纳建立了心理学研究院并在妻子的帮助下管理研究院直到 1938 年，期间得到了洛克菲勒基金会的 10 年赞助，迅速获得了世界性声誉。布勒同时是维也纳教育学院兼职教授。在魏玛街 100 号的布勒夫妇沙龙，很快成为从世界各地到访维也纳的社会和知识的圣地，到 1937 年，布勒吸引了来自 18 个国家的博士研究生。

1938 年 3 月 23 日，布勒被纳粹逮捕，但不久后（于 5 月 7 日）在朋友帮助下获释并于第二年途径奥斯陆移民美国。在此之前，布勒曾在美国短期执教，1927 年到 1928 年间（斯坦福大学，约翰・霍普金斯大学和哈佛大学），1929 年（芝加哥大学），1930 年获得哈佛大学麦克杜格尔教授职位（the MacDougall Professorship）并同时在拉德克利夫学院从教。然而他的妻子夏洛特・布勒（Charlotte Bühler，1965：187）在几年后明确表示："因为我们两个人都非常喜爱维也纳，我们决定待在那里。"回顾往事，这一决定被证实为一个代价昂贵的错误，经过 25 年流放岁月之后，布勒 60 岁以后的命运已经不可逆转，他没能找到与其名声相符的职位，他被迫在明尼苏达州的德卢斯和圣保罗的天主教大学里教授心理学。1945 年二战结束后，布勒夫妇永久定居在洛杉矶，布勒直到 1955 年都在南加利福尼亚大学医学院担任精神病学临床助理教授，后来成为达斯黎巴嫩医院（the Cedars of Lebanon Hospital）的一名心理师。这个饱受折磨的难民于 1963 年死于加利福尼亚。他的妻子在布勒去世后说："我们在政治上非常幼稚地以为奥地利是一个安全的地方。"不幸的是，6 周的监禁，德国纳粹秘密警察对布勒的性格造成了无法治愈的伤害：意识到自己的同胞以这样的方式虐待他给他造成了一生的伤害。他变得沉默寡言和承受着长时间的压抑，他那创造力源泉也消耗殆尽。我坚信他被纳粹迫害的唯一原因是他的妻子夏洛特——尽管她出生在一个新教家庭——她有犹太血统，如果布勒与她离婚，他就能保住学术职位和社会地位。

在追溯二战后布勒"学派"的解散时，夏洛特（Charlote，1965：193）给出了有趣的、让人惊讶的评论，我认为还有些夸张："在语言心理学领域布勒没有任何著名的维也纳学生……真正悲哀的是，他没能见证自己语言理论的胜利。"布勒的遗孀继续无礼的、任性的、与事实不符的评价："罗曼·雅各布森的著作主要依靠布勒，却没有对他表示应有的感激。"事实上，仅在雅各布森《选集Ⅰ—Ⅱ》（1971a，1971b）中对布勒的引用就有 20 多次，而且几乎每次引用总是称赞的态度，更有意思的是这些引用都是关于符号学的。雅各布森《儿童语言》（Kindersprache，1971a：328）开头第一句就是直接引用布勒 1935 年的论文，到 1967 年（1971b：671）雅各布森仍然把布勒的《语言理论》（Sprachtheorie）视为"在语言心理学领域最有启发性的贡献"。雅各布森最初对语言功能的探究，其本质在于区分日常用语（everyday parlance，既有实践的也有情感的，但总是面向所指）和诗歌语言（poetic language，通过一组符号来体现），这种区别可追溯到 1921 年，许久之后才与布勒经常引用的 1934 年三元工具论模型（triadic organon model）合并（Sebeok，1960：355），但雅各布森创造性地增加了另外三个言语活动要素，每个要素对应一个特定的交际功能。

让人好奇的是，夏洛特指责雅各布森的一个学生保罗·加文（Paul L. Garvin），误认为他是"一个年轻的语义学者"，负责布勒死后《语言学》英译版出版，而且，是通过我的研究中心出版。然而，我并没有收到书稿，据我所知，至今其他地方也没有收到该书稿。加文（Garvin，1964：633）确实写过一个简短的讣告并强调"布勒的语言域理论（field-theory of language）是把格式塔理论的图形和背景思想改编为语言心理学"。他建议放弃 organon——这个词充满了亚里士多德的内涵，当然，与培根的"工具"（tool）相呼应——一个由符号组成的工具，以指示性的或象征性的方式发挥作用，这两个词围绕着首要词"环境"（Umfeld）。这个词立即唤起雅各布·冯·乌克斯库尔（Jakob von Uexküll）的术语（Sebeok，1979，Ch. 10），非常有意思的是，布勒清楚地认识到它的符号学意义。1934 年，布勒评论说，乌克斯库尔的基本概念"符号"（Merkzeichen），或"感知符号"（perceptual signs），以及"效果符号"（Wirkzeichen），或"操作符号"（operation signs），其定位是属于符号学的。

需要指出，就术语而言，在匿名作品《符号学概要》（*Outline of Sematology*，1831：1），布勒最经常使用本杰明·斯马特（Benjamin H. Smart）造的词，而我们称之为"符号学"（semiotics）。斯马特沿用洛克的知识三分法："所有关于符号（ta semata）使用，或知识符号的使用，可被称为 Sematology"，他（Smart，1831：2）进一步强调："关于符号学，即知识的第三个分类，它是符号的学说，展示思维在获得其他类知识时是如何操作的。"斯马特在其后的著作中继续使用这一术语，尤其是他的《符号学续论》（*Sequel to Sematology*，1837）；萨伊斯（Archibald H. Sayce）选择了这一术语，随后最有影响力的英语词典专家穆雷（James A. H. Murray）在牛津英语词典和他在 19 世纪 80 年代初发表的一篇文章中也使用了这一术语。在那个时代，很多人读斯马特的作品，如查尔斯·达尔文（Charles Darwin），他的语言哲学思想与斯马特是一致的（以及 Dugald Stewart）。然而，现在已经不再使用 sematology 一词了，除了布勒的特殊德语表达（Teutonization）①。我感到奇怪的是，他不喜欢他的维也纳同事海因里希·戈佩兹（Heinrich Gomperz）的 Semasiologie（1908）一词，该词最初被认为是由克里斯丁·卡尔·赖西希（Christian Karl Reisig）模仿 Etymologie 一词创造的，因为布勒的许多符号学概念都与戈佩兹的概念相似，冈瑟（Günther，1968）在未发表的硕士论文中具体谈及了这一观点；但布勒习惯性地喜欢使用 Sematologie 一词，只有在经典上下文中才偶然使用 Semiotik（1968：16，18，19，162）。

正如夏洛特（Charlotte，1965：195）对她丈夫的评价："卡尔是一个博学家，不能把他归于哪类。"他涉猎心理学的诸多领域，"是同时代研究最广泛的学者之一"。比如，可以写一篇评价布勒对儿童心理学研究的论文，这一研究影响了学校改革运动（Bartley，1973：146），其中包括他对语词符号（verbal signs）个体发生的前沿性研究，特别是对他女儿英奇（Inge，1918：224）的观察。根据他妻子几乎无偏见的调查（Charlotte Bühler & Hetzer，1929：221），儿童心理学"在布勒的著作中形成了最基本和最全面的"的发展。但 20 世纪 20 年代早期，皮亚杰（Piaget）完全不同的研究方法——将结构和起源结合在一起，或一个带有经验色彩的理性主义模型——已经影响了当时的德国研究者们。

除了布勒，当时弗洛伊德（Freud）和阿德勒（Adler）也居住在维也纳，心理分析理论泛滥，热衷于学说纷争。由于自己的医学训练，布勒和大学的精神病学研究所联系紧密，许多分析家参加了他的讲座和研讨班。就像夏洛特（Charlotte，1965：196）所说："与弗洛伊德相反，我认为应从健全心智而不是病态心理来解释人类发展。"在这一点上，她和她的丈夫起点相同。莱布泽特恩（Lebzeltern，1969：39）的观点似乎在总体上也是正确的，"布勒在社会地位和学术认可度方面是高于弗洛伊德的"。虽然他们在当代的相对位置和表面看起来无法跨越的种族隔离政策，弗洛伊德在心理学中的边缘位置和布勒的中心位置形成对比，但布勒（1927：178）慷慨地评价弗洛伊德"是一个伟大的魔术师，深深地迷住了他的学生们"。在我看来，这两位代表维也纳不同世界的杰出居民之间的复杂关系还没得到真正的研究。

接下来，我不打算重新审视学者们所熟悉的《语言理论》（*Sprachtheorie*，1934），这一著作被许多人认为是布勒唯一持久的贡献。克鲁格（Krug，1929）已经详细分析了它的历史背景，坎普（Kamp，1977）最近的专著对布勒的语言域理论（field-theory of language）进行了全面分析。布勒的杰作应该和他的精彩论文一起研读，他的论文声称要建构语言学研究（1933）的四条基本原则（36 年后再版了该专著的删减本，但附带了 Elisabeth Ströker 的一篇介绍和评论，Robert E. Innis 最近把它译成了英语）。两部著作

---

① 历史上的条顿人是日耳曼民族的一个分支，他们的部落从欧洲北部的日德兰半岛（大致是现在丹麦）开始了漫长的迁移，并在公元前 1 世纪开始，不断地侵入古罗马帝国的领土。虽然在后来条顿人几乎被异族完全征服，但他们的文明遗产却能够一直保留到今日，英语中的单词"Teutonic"（条顿）几乎和"Germanic"（日耳曼）是同义的。

围绕布勒基于符号学的语言"有机"模型指导原则，但我关注的是布勒关于"信息交换"（Zeichenverkehr, exchange of message）概念中被忽视的一些方面，这是我对这一领域中最感兴趣的内容。即使这一话题在这里不能详尽阐述，也会让人心存感激；布勒的符号学，尤其是以他所有作品作为整体背景，期待着比冈瑟（Günther, 1968）的论文有更为详尽的论述，他的论文虽值得称赞却缺乏分析，并且编造了布勒的符号学（Zeichenbegriff）和乔治·米德（George H. Mead）符号学的对比。

布勒认为，表征功能（representative function）区分了语言和没有语言的生物的符指过程，他从言语行为（speech act）出发把语言范畴属性定义为表达功能（expressive function）、通知（kundgabe）和宣告的组合，将符号和信息源关联起来。呼吁功能（appeal function）连接的是符号和信息，表征功能（representing function）连接的是符号和上下文。对象关系（object-relations）是因说话人的宣告而在听话人那里引发的心理过程。特鲁别茨柯依是布勒在维也纳大学的亲密同事，他在布勒离开之前的几个月去世。特鲁别茨柯依（Trubetzkoy, 1939：17—18）观察到每个语言句子的三个方面："布勒的伟大贡献在于对这一看起来简单却长期被忽略事实的研究。"现在大多数语言学家都熟知，一个句子要有意义意味着要考虑说话人和听话人的认知结构，正是这种认知结构组织着听话人和说话人的世界，以及语言是如何映射到这些结构上的（布勒关于语言功能的理论是从心理学角度解决语言学问题的一个尝试，Pazuchin［1963］饶有兴趣地讨论了这一问题）。

这种三元图式已经出现在胡塞尔和波尔齐格（Porzig）的著作中，但布勒进一步把它与"抽象相关性"原则关联起来，只有部分特征参与符指过程（布勒的部分/整体对应皮尔士的对象［object］/基质［ground］）。布勒认为，语词符号的表征功能是这种相关性的直接后果，无疑这是他从戈佩兹（Heinrich Gomperz）对"一物代一物"（aliquid stat pro aliquo）重新解释中得出的结论。相关性的抽象性是这一事实的一个结果，即语词符号可同时执行这三个功能，虽然它假设在任何特定信息中，其中的一种功能将占主导地位，而其他两种功能则根据言语行为的目标居次要地位。它由行为者（actor）、行为领域（the field of action）、行为者的需要和机会构成一个三元关系。布勒强调言语行为的社会属性，从而摆脱了胡塞尔的主观主义行为命题（subjectivistic act theses），但布勒的作品明显受到了《逻辑研究》（Logische Untersuchungen）的影响，更不用说亚历克修斯·迈农（Alexius Meinong）的哲学著作。布勒直接追随胡塞尔区分了意义（meaning）和指称（reference）。一个表达在不改变自身意义的情况下可以指称不同的对象，反之亦然：具有不同意义的表达可以指称同一个对象（比如"乔治·华盛顿"和"美国第一位总统"）。换句话说，我这里采用洛齐丘什（Laziczius, 1942：22—23）的解释和批评，在布勒论证的背后潜藏着另一个分歧，即"意义（meaning）"和"表意的意图（the intention to mean）"，请见四维矩阵：

	I	II
1	Sprechhandlung/parole/言语	Sprachwerk/ergon/言语产品
2	Sprechakt/energeon/言语行为	Sprachgebilde/langue/语言

I 下面是具体的语词信息和"言语行为"，两者都是 subjektsbezogen；II 下面是发送者的言语产品和语言结构，两者都是 subjektsentbunden。1 和 2 是层级关系，2 是比 1 更高的层级。洛齐丘什（Laziczius，1939）最早分析了布勒所谓的第三公理（Third Axiom）是循环论证，是一种令人信服的批评（虽然其他读者可能不同意这一说法）。

布勒关于"意义"（meaning）和"表意的意图"（the intention to mean）的隐含区别是一种同音异义现象。当我单独说出一个英语单词的发音/baer/时，我用它表示"支持"（to support）、"裸露的"（naked），还是猫科哺乳动物，这取决于我的"意图"（intention），听话人只能根据语言和/或非语言上下文猜测。对我而言，作为说话人，不存在同音异义，因为我知道我要表达的意义；但对我的对话者来说，意图就发挥作用，雅各布森（1971b：575）以更精确的方式将之称为"上下文的条件概率"（the conditional probabilities of the context）。

布勒对符号功能的分类取决于症状（symptom）的来源，是内省的外在化表达，信号（signal）构成内在和外在行为目的的指引，符号（symbol）的产生依据上下文。毫无疑问，在结束这个主题之前，应该强调布勒提出的功能清单和符号分类，按当代的观点看并不全面；早在 1937 年波加特廖夫（Petr N. Bogatyrev，1971，Ch. 19）就已经意识到这一点，他在讨论"功能结构的功能"问题时，意在通过这个奇怪的短语引起人们关注更高级的符号功能，关注功能复杂整体的协调操作，即元功能（metafunction）。这一丰富的概念最终被广泛地推广至其他领域，比如语言学家卡尔·霍勒克（Karel Horálek，1948）以及其他学者。

布勒认为，语言是行为的副现象，更具体地说是行为的表达。因此，他关于表达行为（expressive behavior）的书——1933 年首次出版，1968 年再版——可被认视为他对符号学的重要贡献。然而在英美关于主体的文献中，或在西欧包括德国关于非言语交际方面的著作中都很少引用，他们似乎忽略了本土的遗产。

表达行为的研究尤其是昆提利安的研究具有综合性和双重性，即起源于心理诊断学和修辞学（Bühler，1968：227—235）。布勒的书旨在说明，行为这些方面的历史体现出理据性状态——情感态度和心情，认知状态，比如注意和集中，激活状态，比如，兴奋和疲劳，准个体属性，换句话说，在功能上非常不同的物质——大体上构成一个"完善的系统"（sachgerechtes system）。这些通常都被误导性的术语"表达行为"（expressive behavior）归为一类（比如，言语行为和表达运动），然而，埃克曼（Ekman，1969）和他的合作者们在追随大卫·埃夫隆（David Efron，1941，1972）才华横溢的和前卫的著作过程中，涉及许多复杂的范畴。言语行为（verbal behavior）和表达运动

（expressive movement）的关系位于一个相当抽象的水平，准确地说是符号学关系。因此，布勒在讨论古代相面术（physiognomy）时——通过面部特征判断人物性格的艺术（包括作为一种占卜方法）——尝试弄清这门艺术的区分性特征并且在六种辅助性冲动（contributory impulses）中发现了亚里士多德符号学（Aristotelian semiotics），这在18世纪及18世纪以后被称为"经典符号学的一次明确应用"。布勒（Bühler，1968：18）引用圣·格里高利（Saint Gregory）对恺撒大帝（Emperor Julian）的惊人判断。格里高利从恺撒的面相预测他对基督的仇视，基于以下夸张的描写：

他肩膀上扛着一个笔直的、僵硬的脑袋，他目光游移不定，充满野性和疑惑；他的步态摇摆不定，他的双脚一直在动；他的鼻子看起来无理和骄傲；他的笑声聒噪；他焦躁不安，不守规矩；他的回答永远是"是"或"不是"；他总是提出烦人的问题，却很少给一个确定的或及时的回答。

格里高利通过看起来随机但具有区分性特征的能指来建构恺撒的性格，形成一种马赛克，隐性推理，他的生长过程将与统一的"所指"（Bezeichnetes）一致，即这些特征将意指恺撒的内心一致性。布勒正确地指出，批评经典符号学原子化、反结构的观点是不正确的，并清楚地解释了符号学的历史所涉及的内容。比如，约翰·雅各布·恩格尔（Johann Jokob Engel）从戏剧中获取的洞见（Ch.3），布勒对此尤其感兴趣并以极大的理解和热情继续发展，查尔斯·达尔文的特殊指称结构包括了"动物和人类的全部表达目录"（Ch.6），普通行为学和人类行为学，或换句话说，动物符号学发展为一个更广泛的符号科学。正是恩格尔为区分表征（representation）和表达（expression）奠定了基础，布勒（Bühler，1968：40）赞扬这一步骤是理解模仿的公理。他坚持呼吁"一个全面的新计划，且必须在一个符号学公理的指导下开展"。

在回顾路德维格·克拉格斯（Ludwig Klages，Ch.9）的"笔迹学"（Ausdruckslehre）时，布勒提出了很少被讨论的目的论问题，即表达行为和自由意志的关系。如马丁纳克（Martinak，1901：27，80—83）所预计的，这一争论既复杂又精深，但吸引我的是布勒注意到的一个古老的意义和符号学问题，此外，这一问题不仅与亚里士多德的面相术有关，而且体现在冯特对脉搏曲线和呼吸频率的实验分析中，简而言之，"测谎仪"（lie detector）的构成成分（它的司法准入性还有争议，Lykken，1974）。

布勒在最后一章（Ch.10）讨论了艺术的当前状态，尤其是他对表达（der Ausdrucksforschung）领域的未来研究，预测了一幅清晰统一的符号学蓝图："为了赋予它明确特点，表达理论当前最需要的是发展一门合成符义学（synsemantics）。由于孤立于表达性词汇中，由于必须由科学来完成，模拟事件富有成效的时刻出现在符义学领域；它们的病征价（pathognomic valency）和面相价（physiognomic valency）源于上下文。必须从符号学角度将之视为显现的症状，就如同言语中的语词或一幅绘画中颜色斑点的价值。"

因此，令人非常遗憾的是，一方面，布勒的学术或被低估或常常被完全忽略，他的编年史内容丰富且重要；另一方面，无论是在美国还是在欧洲，这一领域的许多研究者并没有意识到他们是站在布勒的肩膀上看问题的。不夸张地说，我见过的非言语交际的学生中，没有一个知道表达理论（Ausdruckstheorie）的，它是一个里程碑，其先行者至少可追溯到昆提利安（Quintilian）。比如，德斯蒙德·莫里斯（Desmond Morris，1979：278）和他的合作者们列出的参考书目中，没有证据显示他们其中有人查阅过这本书。德语学者们忽视它更是让人尴尬，应该马上得以纠正。

另外，布勒对符号理论基础的关注包含修正、体内平衡（homeostasis）或控制论（cybernetics）基础。他的著作中到处都是对控制问题、递归性（recursiveness）和信息的讨论，根据翁格豪尔（Ungeheuer，1967）对《语言理论》的详查，可以扩展至作为一个整体的符号学理论（Zeichentheorie）。布勒熟悉爱德华·弗吕格（Eduard Pflüger）和克劳德·伯纳德（Claude Bernard）的思想，他们的思想在19世纪70年代晚期得到发展，后者主要观察的内容是任何动物的内部环境是平衡的，或自我纠正的，但是后来坎农（Cannon）详尽阐述的体内平衡（homeostasis）概念，对布勒来说并不能完全描述人类的精神生活。布勒（Bühler，1968：188）去世10年后，关于他的一个评价才引起了我的注意："历史告诉我们，建构性思维支持环境（milieu）概念并以此种方式得到决定性的想法，这正是我建议专家去做的。是这样一个假设：一个真正的信号能力存在于身体内部的规则之中。关于"这意味着什么"这一问题，必须在最新的广义生物学模式框架下予以重新考虑，我们要再次修订和讨论，尽量得出结论。"

布勒（1968）清楚地意识到，他关于表征（representation）和表达（expression）的区分是符号差异性的决定性因素，英国的一些经典逻辑学家们曾经强调了这一差异并得到进一步发展，如弗雷格（Frege）和他之后的马蒂（Marty）、马蒂纳克（Martinak）、胡塞尔（Husserl）、戈佩兹（Gomperz），尤其是迈农（Meinong，1977，他为回应布伦塔诺的论文写了指代理论①）。布勒认为，这些先驱者们与他的想法一致："1918年我写了这一主题，至今仍不需要添加任何东西。"（迈农的假设是关于交际的重要论述，及其他符号学主题，如游戏的本质、冲突的一致性（conformation of interference）；为能把握布勒的思想，我们必须先理解迈农的思想）。我们应在主要的思想来源加入柏拉图的《克拉底鲁篇》、亚里士多德、昆提利安、康德、洪堡特、卡西尔、索绪尔，他们的符号学思想目前仍被误解和低估（Haller，1959：154）。反过来，布勒对特鲁别茨柯依的影响要追溯到1931年，两人"富有成效的讨论"（Jakobson，1971b：715）作为常识影响了布拉格学派的其他成员。他的第二公理，声称言语现象应归入符号学现象领域，是那个时代的语言学家们所普遍认同的。布勒把符号功能归入他的表征概念，提出了另一个三位一体：客观意义（objective meaning）、音位标记（the phonemic mark or Mal，符

---

① 原文中是 theory of supposition，在中世纪 supposition theory 是指代理论，称之为 Medieval Theory of Supposition，而奥卡姆（Ockham）的指代理论代表了中世纪的最高水平。

号的一个相关成分）、域符号（field signs，在上下文中出现，Jost Trier 曾经阐释了这一概念）。在布勒那里，表征和表达是对立的，在布拉格学派那里伪装成指示功能（indexical function）并具有特定的力量，直到雅各布森发现了皮尔士对表征的界定。

3 未决问题

顺便指出，巴特利（Bartley，1973：148）认为，虽然维特根斯坦不是布勒的学生，但他却是"向布勒学习的那些人中最杰出的"（虽然维特根斯坦时不时谴责布勒为江湖郎中）。尽管如此，"布勒和后期维特根斯坦在一些重要思想方面有惊人的相似之处"（Bartley，1973：149）。

布勒的著作有学究式特点，因此要求它的读者们不仅要了解当代心理学史，还要有哲学谱系知识。他所有著作的辩证发展可简化为一些相当简单的术语。他的主要论文简单流畅，却巧妙地讨论了在特定状态（或规则意识）和特定逻辑结构之间存在着一致性。他没能证明任何这类同构性（isomorphism）的存在，甚至主体逻辑（心理学家的主要任务）和逻辑学家（比心理学家的研究范围更广）的同构性也没能证明。反过来，这一想法依据的是两个完全对立的术语：无生命的（inanimate）和有生命的（animate）。无生命的是无意识的（mindless），荣格（Jung）沿用诺斯替教派（Gnostics）①的说法，称之为 *pleroma*（Plenitude），即充满，与有生命的或创造物（creatura）相对，在两极之间存在着固有的张力：人类思维的创造性本质，在生物学控制的基础上产生的精神和操作。在最后的分析中，后两者本质一致，即思维的创造性本质，反之亦然，两者事实上都与普通的物质宇宙相分离。阿尔伯特·韦勒克（Albert Wellek，1968：201）总结道："他的最后结论是，人类本质上是独立于机器或机械性原则的，在某种程度上也独立于动物的纯粹生物性，如思维（thought）和推理（reason），格式塔（gestaltic）经验和整体（holistic）经验。"

这一评论或许让人惊讶，布勒死后出版的他研究动物和人类空间定位的著作，并命名为《生物时钟》（*Die Uhren der Lebewesen*，1969）。这部专著探讨生物钟和认知地图（cognitive maps），布勒总是假设人类和动物，无论是航行的林德伯格（Lindbergh）还是长距离飞行的蜜蜂，他们的经历是相似的。他的学生康纳德·洛伦兹（Konrad Lorenz，1971：324）证明，这一假定并非完全基于类化（analogization）。布勒最伟大的发现是意识到反射训练是"一种真正的思维和经验的先验必要性"，简言之，布勒公理是有证明力的。布勒把它称为从听话人得到的证言。洛伦兹（Konrad Lorenz，1971：268）遵循他老师布勒的论证，在几种方法中选择身—心二元论的解决方法，从而能假设一个确定无疑的身份。就心理生理学研究的实践目的而言，对这种表面的区分采取什

---

① 初期基督教的一派，又称诺斯底派、灵知主义，主张物质邪恶，神是纯粹的灵，人是不可知的。

么样的态度可能确实与之无关，我（Sebeok，1979，Ch. 5）在其他地方也表达了类似的观点，我们对于观察者和被观察对象之间关系的观点对我们从事的符号学研究具有深远影响。布勒临终前曾经说过（1969：157），这些研究是"非常有趣而且迫切的"，当然又是非常及时的。

最后我想再回到埃贡·布伦斯维克（Egon Brunswik），布勒曾经把他视为自己的学生（Hauptschüler）。布伦斯维克为《国际统一科学百科全书》（*International Encyclopedia of Unified Science*）写了《心理学的概念框架》小册子。他主要采用客观功能方法研究心理学、控制论和交际理论。此外，布伦斯维克也非常熟悉查尔斯·莫里斯的符号学著作。我所能找到的布伦斯维克对布勒仅有的两处引用，一处是关于 19 世纪的心理学是内省主义者（introspectionist）、自然力崇拜者（elementarist）、感受经验论者（sensationist）和联系论者（associationist）的交汇，另一处是布勒早期关于颜色一致性的研究（Brunswick，1955：711，728）。布勒是符号学发展史上的一位转折性人物，毫无疑问，还是一个具有精湛技巧的学者，但布勒能否被擢升为脚注之外的关键人物，需要等待符号学编年史问世的时候才会公布。

作者简介

托马斯·西比奥克（Thomas Albert Sebeok，1920—2001），当代符号学发展的关键人物，20 世纪北美符号学派的杰出代表，国际符号学学会、美国符号学学会、*Semiotica* 以及 *The American Journal of Semiotics* 期刊的主要创立者。

译者简介

单红，硕士，湖州师范学院外国语学院讲师，研究方向为符号学、翻译理论与实践。
吕红周，博士，湖州师范学院外国语学院副教授，研究方向为符号学、翻译学。

论文选登

后现代体验人本视域下的符号体认观①

王铭玉　康喆文

摘　要：后现代体验人本观以"体认"为核心，反映了后现代语言哲学的发展趋势。符号学把世界划分为语构、语义和语用三个符域，它们与语言哲学构成了内部的相互关联。我们可以据此从符码体认、符喻体认、符间体认、符化体认、符域体认等方面分析符号生成过程中的体认观，甚至可以尝试构建符号学的一门新型分支学科——体认符号学。

关键词：后现代　体验人本　符号体认观　体认符号学

1 引言

　　20 世纪 70、80 年代，西方后现代主义思潮从文学中脱身而出，急剧蔓延，迅速在文化、艺术和社会运动中扩展开来。鉴于后现代思潮与生俱来的"流浪"特性，学者们对后现代主义的界定至今争论不休，但大部分学者认为，"后现代"主要不是指时代化意义上的一个历史时期，而是指一种思维方式。"后现代主义"至少可以从三个层面加以理解：文学艺术上的后现代主义、社会文化上的后现代主义和哲学上的后现代主义。（王治河，1993：4）作为一种广泛的文化思潮，后现代主义成为继西哲研究本体论转向、认识论转向、语言论转向后的第四大转向。后现代思潮的一个认识基点就是对一切理性主义和现代性思想的普遍质疑、怀疑和解构。（黄秦安，2012：49）以反传统、反基础、非理性、去中心化为主要特征的后现代哲学再次将"人本观"纳入视野，对语言哲学的发展产生了重大影响。后现代哲学家凸显了被淹没的人本观，大力倡导从感知和体验的角度来解读心智、理解语言，揭开了后现代哲学视野下研究语言的新篇章。（王寅，2012：13）

　　王寅教授为首的一批体认语言学学者经过 20 多年的思考和探索，提出了"体验人本观"（embodied humanism view），认为"人本"是"认知"的基础，"认知"是通过"人本"实现的。（王寅 2013：5）王寅将莱考夫（George Lakoff）和约翰逊（Mark Johnson）提出的"认知语言学"（Cognitive Linguistics）修正为"体认语言学"（Embodied-Cognitive Linguistics），即心智和语言都是来自对现实世界的"体（互动体验）"和"认（认知加工）"。体认观一方面传承了乔姆斯基和认知语言学突出从人之心智角度研究语言的基本取向；另一方面更突出后天的实践观，即语言研究必须强调人对现实世界

---

①　本文发表于《解放军外国语学院学报》2021 年第 2 期。

进行的体验。（王寅，2014：61—67）体认语言学以哲学理念为主要取向，采用理论性分析的方式博采众长，将推动中国本土语言学理论发展为己任，为语言学研究乃至人文科学方法论的构建提供了新的路径，不失为极具前瞻性和创新性的探索。

要探究"体认"与符号学的关系，不得不提及认知符号学。认知符号学是一门从认知角度研究意义的学科，它试图对包括语言在内的一切文化符号进行认知研究，寻求对人类意义生成的理解。（苏晓军，2007：121）认知符号学自 1995 年首次出现（胡壮麟，2013：6）至今，它的发展体现出如下特征：

1）基于认知语言学中的体验观点阐释符号的形义关系和符号的象似性特征；

2）从皮尔斯符号学的视角讨论认知语言学；

3）认知符号学属于人文还是科学的立场性问题；

4）认知科学的演进与符号学的关系；

5）认知符号学在文学、口译、教育、自然灾害防控、建筑等领域的应用。

可以看出，认知符号学目前还处于拓展阶段，但始终围绕着关于思维的认知科学与关于意义的符号学。在认知符号学中，认知的焦点放在对感知的输入结构的研究上，而符号学的焦点则放在对表达的输出结构的研究上。（苏晓军，2007：121）如果说认知语言学研究的是"现实—认知—语言"的感知输入过程，那么语言符号学研究的则是"语言—意义"的表达输出过程。更进一步讲，任何符号想要获得意义，实现符号化也必须首先被感知和体验，然后是认知和识别。符号学把世界划分为语构、语义和语用三个符域，三个符域实际上均未脱离人对符号的影响。为了彰显后现代主义人本精神对符号学的观照，结合符号学中经典的三分法原理，可以从符号的体认观出发将符号研究放置于符码体认、符喻体认、符间体认、符化体认和符域体认等层面展开。

2 符码体认

当两种或两种以上的、彼此不相容或是部分不相容的符码（或语言）进行互动时，就产生了符号过程。（库尔，2014：69）符号传递的过程也是意义产生的过程，其间必然经过信源产生时的编码过程和信宿接收时的解码过程。符码组织并且决定着符号的文本意义，它携带着一种意义结构将有限的符号媒介组织起来传递无限的信息，实际上体现了符号传递过程中的体认模式。这一体认模式基于符号与客观现实的互动和心智中的意识加工，是个体在结合个人心性和公共意识后对符号意义进行阐释的结果。然而对符号意义的阐释并不一定能够通过解码完成，在传递过程中必然会有信息的流失，这与个体的体验与认知息息相关。例如在翻译活动中，源语文本与译语文本符码的转换实际上烙印着译者主体的体认模式，是译者在对源语世界和译语世界共同体验和认知的基础上做出的符号阐释行为，与作者的编码体认模式和读者的解码体认模式不尽相同，这便造成了源语文本意义阐释的不同。此处也印证了王寅在认知翻译学中的观点：翻译既具有

现实层面的体验性，又具有认知层面的主观性。（王寅，2017：6）

从"符号—物"的二联体属性上来讲，符号本身具有物质属性，这一属性使符号与现实世界紧密相连。从传播学的角度上来看，根据符号阐释与物的关系，文本的符码可分为强编码和弱编码。强弱编码的区别实际上在于为文本提供阐释空间的不同。强编码文本的符号性强，文本更易于阐释，弱编码的符号性弱，个体可以在文本阐释的过程中发挥主观能动性，从而完成意义的获取过程。比如，以旅游景点信息识别为例，"故宫""长城"体现的就是强编码文本，对其阐释有严谨的历史文化作为识别的依据。而以"象"命名的景点其编码的符号性强弱程度就不一样。桂林的"象鼻山"因酷似一只站在江边伸鼻豪饮漓江甘泉的巨象而得名，象似度较高，属于中度编码文本；浙江象山县三面环海，两港相拥，因县城西北有山"形似伏象"，故名象山。这里的"伏象"完全靠引导性揣度，属于符号性较差的弱编码。因此，符号传达的过程必然带有对客观现实的体验和认知，符码组织符号文本的意义常常是体认性的。

3 符喻体认

起源于修辞学研究的隐喻在哲学领域、语言学领域和认知领域一直受到热议，这里将隐喻看作一种符号表意机制来进行探讨。体验哲学的基本主张为：心智的体验性、认知的无意识性、思维的隐喻性。（王寅，2002：83）隐喻式的思维是一种在感觉思维基础上沉淀人类文化基因的思维方式，它已成为人类思维的一种本源性的和本然性的思维能力，是人类的一种建设性和创造性的思维。（徐盛桓、廖巧云，2017：11）

王寅（2017：7）对思维的认知过程进行了深入剖析，他认为认知过程可以归纳为：互动体验—意象图式—范畴—概念—意义。互动体验是人与客观外界接触过程中产生的感觉、知觉和表象；体验经心智加工构成意象图式，即认知模型（Cognitive Model），多个认知模型构成理想化的认知模式（Idealized Cognitive Model），它们是形成原型、范畴化的基础；而范畴化又是人们进一步形成事物概念和意义的基础。范畴、概念、意义共同构成事件认知域模型（Event-domain Cognitive Model）。

随着人们在长期实践中的感知和体验的加深，逐渐形成了高度概括性的范畴和结构稳定的基本概念，隐喻为抽象概念的形成提供了认知工具和认知方式。符号经过了现实到认知的体认过程和概念抽象过程才产生意义，符号的表意机制也要经过隐喻的思维过程，思维过程必然离不开体认。

隐喻在语言符号表意层级系统中发挥着重要的作用，是符号所指不断变化衍生的体认途径。根据语言符号的层级性，一级符号的能指和所指作为一个整体捆绑的结构成为二级符号中新的能指，与二级所指的附加意义结合，成为新的符号。符号的层级系统根据附加意义不断衍生出新的符号，具体有多少层级需要靠主体的认知程度和阐释来决定。例如"铁石心肠"是符号所指层级意义衍生的结果，"铁石"的一级所指为铁、石头等具体实物，二级所指根据人们对客观事物的体验，将"铁石"的"硬"抽象为人心肠硬。又如"夫以铜为镜，可以正衣冠；以史为镜，可以知兴替；以人为镜，可以明得失"。符号"镜子"在这句古话中被阐释为不同的意义，古人基于对原有"照镜子"概念的理解去重新关联新的概念"历史"和"人"，使得"镜子"的符号所指出现新的意义。

从符号象似性上来看，隐喻是抽象程度最高、最具象似性的象似符号。象似性作用不是存在于符号和所指对象的物理性质中间，而是依存于"相同的"知觉结构或关系系统之间。（王铭玉，2004：404）隐喻的符号化过程实则在于初始符号与新衍生符号所指意义之间的象似性。根据体验人本观的立场，语言符号的形成基于人对外部世界的模仿及自身的经验结构，语言符号和现实世界的联系是基于人的认知加工。例如语言象似理论认为，象似性存在于语言的各个层面，如距离象似性、数量象似性、顺序象似性、标记象似性，等等。（王寅，1999：4—7）隐喻象似有语法隐喻、约定俗成隐喻、诗歌隐喻等。探究隐喻象似发生的理据可循着"现实—认知—语言"这一体认线索进行。如林正军、张姝祎（2018：26）认为语法隐喻语义发生的理据与人类种群的跨区域分化、跨时代衍化和个体年龄、社会角色的改变等因素有关。因此，象似性的机制和隐喻化的思维为探寻符号意义的生成和符号与客观世界的联系提供了体认的视角。

4 符间体认

"间性"是事物间关系的抽象概括。目前在哲学、文学、翻译等领域有关间性的研究涉及主体间性、文本间性、文化间性、媒体间性等。如主体间性主要研究一个主体（或意识）是怎样与另一个主体（或意识）相互作用的。（程志民、江怡，2003：339）从符号学的角度来看，符号的间性可以是符号自身衍生出的符号各个层级之间的关系或者是符号构成文本之间的关系。在上文中我们提到隐喻化思维是符号表意的一种方式。在符号学视域下，隐喻现象是一种意义的增长和延伸，符号意义的生长是动态的、构建的和未完成的，意义是符号间的意义，而这种意义就是符号间性。（吕红周、单红，2014：75—79）

符号间性的产生离不开主体人对符号的构建和阐释。符号间性通过主体与客观世界的联系产生，这种联系的方式在于"以概念的方式在思想中对世界的占有和支配，这种占有与支配中体现和表征着人的这一主体位置，构成了与世界客体的对立统一"。（王铭玉等，2013：513）从主体共性的角度来看，主体所处的历史时期、社会环境、民族文化、道德规范等因素综合影响对符号意义的构建和阐释；从主体个性的角度上来看，个体的生活实践、知识储备、情感态度、心智运作等因素构成个体自身的世界图景，影响了对客观世界认识和概念化的形成。例如"龙"在封建时代是皇权的象征，在中国古代民间神话中代表着驱灾、辟邪、祈福，在现代"龙"是象征祥瑞的文化符号，而西方国家常把"龙"和邪恶画上等号。又如在古希腊神话中"猫头鹰"是智慧女神雅典娜的爱鸟，在俄罗斯人眼中"猫头鹰"是智慧的化身，英文中也有"as wise as an owl"（像猫头鹰一样聪明）的谚语，而在中国文化中"猫头鹰"则容易给人带来不祥的联想。

符号构成文本之间的关系即符号的互文性。在文本层面，互文性强调 A 符号文本与其构成文本之间的关系，即 A 符号文本与引用、改写、吸收、扩展、改造的符号文本（A_{1-n}）之间的关系。（王铭玉，2016：7）然而任何符号文本，都在文本边缘之外或表达层之下，携带着大量没有进入文本本身的因素。（赵毅衡，2010：2）符号文本之间已然充斥着这种隐性的关系。法国符号学家克里斯蒂娃（Kristeva，2016：189）称："我发展出了被结构主义忽略的两个方向：一是话语主体；一是历史的维度。"在过程主体理论中，克里斯蒂娃认为主体是由意识主体和无意识主体两部分组成。意识主体是一种文化现象，产生于文化、象征之中；无意识主体源于身体，寄身于自然或符号世界之中。（王铭玉等，2013：144）历史的维度则将历史文本和社会文本纳入符号文本间的关系中。这就将符号文本由结构主义"关起门来说暗话"的静态模式转向后结构主义"打开天窗说亮话"的动态研究。若是从现实、认知与符号的关系来理解，符号文本间的隐性关系正是由于主体对客观事物的抽象、创造和使用才"促使符号的意义逐渐脱离原物和指谓对象，演变成由语法结构和具体使用语境所决定的纯粹的'文本或符码'"（张之沧，2013：30）。例如文学体裁的诗歌、散文、散文诗等类型，无一不是表达作者个人心性和生活体验的符号文本。我国古代诗歌理论文献《毛诗·大序》中评价诗歌为："诗者，志之所之也。在心为志，发言为诗。"散文和散文诗同样诉说着作者对生活的感悟。有人称大海是诗，沙滩是散文，贝壳是散文诗，离开了人的体认和情感，恐怕大海不再波澜起伏，沙滩不再金光闪烁，贝壳也不再璀璨夺目。

5 符化体认

符号化的过程即事物变为符号，能够起到符号作用的过程。符号化的过程也是认识主体与客观世界互涉的过程。主体通过观察和感知，将未知的事物用自己认知定式中原有的符号加以识别和阐释，赋予符号新的意义。比如四川成都有一座著名的"官帽山"，人们解释为："天府之南官帽山，古人以形似官帽而名之，巍然壮观，雄恃千年。"古人就是用自己的观象体验，用熟知的符号赋予一座自然之山新的意义。从符号学角度分析，信息客体观念化、符号化的过程依赖于认知主体所处的思维场、文化场和心理场。思维场为人脑创造符号和使用符号提供生理基础。文化场作为主客体在长期的社会、历史实践中形成的约定俗成的精神规约系统，为符号意义的衍生提供了可能性，但从另一方面又制约符号意义的生长。心理场是主体感知客观世界后在心理上形成的心理印记，这一心理印记为符号在外界找到表达和寄托心理内容提供了形式。

符号学家皮尔斯将思维过程引入符号化过程，根据符号的生成情况将符号分为第一项符号、第二项符号和第三项符号。第一项符号为性质符号，它以感觉或知觉的方式存在；第二项符号为对象符号，是人们的经验或活动；第三项符号为关系符号，是思维符号。三种符号分别对应符号的三个关联要素：媒介关联物、对象关联物、解释关联物。媒介关联物指符号本身就是一种存在，它与所表征的对象关联物存在一定的关系，这种关系由解释关联物进行抽象思维而建立，而解释关联物正是"一种以思维或符号为核心的第三项存在"。（王铭玉等，2013：52）也就是说，媒介关联物并不能完全代表对象关联物的意义，还需要经过主体的解释，也就是认知者与客观世界间的互动和体认。皮尔斯把"解释"分为"情感的解释""有力的解释"／"心智的努力""逻辑的解释"。"情感的解释"是一种纯感情的、自然的感受，"有力的解释"和"心智努力"是一种有意识的认知活动，而"逻辑解释"是一种理性认识。（郭鸿，2008：54）皮尔斯的三位一体思想强调了符号化过程中人类认识的过程、方式和结果。首先，从性质符号到对象符号再到关系符号就是人类认知世界由表及里的过程；其次，由感知通过经验再到思维的过程体现着人类用已知表达未知、探寻未知的思维方式；而符号最终的生成结果也是人类心智推演的结果。"三位一体"思想仍能用"官帽山"命名过程来解释：此山本是一座自然山，当人们需要把它作为认识对象来认识时，就用已知表达未知的方式做了符号推演。可以说，皮尔斯符号学实则强调了符号对个人认知环节起到的关键作用。换言之，人是符号化过程的媒介，符号化必然经过人的现实体验和认知。

6 符域体认

"域"即"疆域、范围"。符号域指符号存在和运作的空间。"符号域"的概念首先由莫斯科—塔尔图学派的代表人物洛特曼（Yuri Lotman）提出，洛特曼提出此概念旨在从符号学的角度研究文化，进而提出了一种符号论的文化观。若从语构、语义、语用的角度看，符号存在和运作的空间可以包括符号之文本、符号之生成和符号之交际等内容。洛特曼认为，文本是文本内各种关系的"恒量系统"，文本是具有符号性质的文学作品实现"人工产品"的空间。（赵爱国，2009：2）符号文本是文本内符号系统集结、排列的载体，之所以认为文本是"人工产品"，是因为符号文本必须具有真实性，才能使符号的阐释者与文本发生互动。这里的"真实性"来源于文本生产者基于眼前现实所形成的语言世界图景，而人类体认的相通性使这种"真实性"得以传递。例如一部文学作品通常因被翻译为多个不同的语言版本而享誉世界，这同样是基于不同语言携带者共通的体认。正如赵毅衡（2015a：22—24）所言："任何接受者，不可能接受一个对他来说不包含真实性的符号文本，这是意义活动的底线。文本内真实性，需要文本内各元素互相对应相符，而相符的原则与常识相融通。"也就是说，符号文本只有得到真实的阐释才能获得生命，阐释的前提在于文本创造者和接受者互通的体验和认识。"原则与常识"可以是民族文化背景、某一时代的价值观、社会公约，也可以是个体共同的生活体验、自我意识的交集，等等。文本的创造者和接受者是符号交际过程中的主体，他们为符号文本与现实世界的联系搭建了桥梁。

例如云南省丽江市玉龙雪山脚下坐落着美丽的"蓝月湖"，旧时人们也称为"白水河"，因湖的形状像一轮永恒的蓝月而得名。云南纳西族的古老宗教文献《东巴经》曾记载，古时人类遭受洪水，陆色二神用筏子将子民引渡到白水河畔的陆地，又把筏子变成闪着蓝光的宝石盘子，那盘子似一轮吐着蓝光的月亮。"蓝月湖"命名的背后实际上隐藏着纳西人世代流传的古老传说和对自然的理解和认识。故我们可以这样认为，"作为主体的生命体对自然环境界中的事物赋予自身物种特有的意义，在主体的解释行为（即符号过程）中，环境界和生命体的特征得以呈现。"（王新朋、王永祥，2017：145）

文化为符号的生成和使用提供了重要环境。按照莫斯科—塔尔图学派的观点，文化是信息产生、流通、加工和存储的集体符号机制。它既是集体记忆，也是生成新信息的程序。它调节人类行为和人类给予世界的结构。（郭鸿，2006：4）社会文化环境通过符号交际主体的心理认知形成集体特定的符号机制，这一机制长期存储在人的大脑中，反过来影响符号交际主体信息的传递和接收，并在主体不断的体认中得到更新和发展。例如宗教习俗作为一种典型的集体符号机制，以礼仪、节日、风俗、穿着、饮食等不同的形式制约着教徒们的日常行为，长此以往形成了世界各地宗教与众不同、独具特色的生活方式。

7 符号体认观与自然科学相结合的探讨

既然符号学研究的是人类表达意义的方式，那么在认知科学以自然科学的姿态不断侵袭人文科学的大背景下，符号的体认观依旧离不开对人脑"黑匣子"的探索。美国符号学家西比奥克（Thomas Sebeok）认为，符号学的另一名称即认知科学。认知科学能够运用生物学、心理学、神经科学、信息科学、计算机科学等理论模拟人的行为及心理过程，以此加强符号学原有的认知倾向。早在20世纪70年代，美国符号学界就出现了"人工智能转向"的口号，人工智能（AI）符号学关注"心—物"或"心理—生理"认识论关系的问题，一是研究在机器或大脑中体现的人工的和天然的"思想语言"在指称外界或诸如意向、信念、知识等内界时产生意义的方式，以及被其运用者（人或机器）用作手段以达到特定目的的方式；二是帮助认知者在探索人心和机"心"时提供特定的符号学行为的形式模型。（李幼蒸，2007：500—505）人工智能符号学的核心实际上围绕"人如何表达意义"这一问题展开，借助自然科学的技术，力图把符号化过程中人的体验和认知用更为简单的计算机符号模型呈现出来，以此为元符号去解释更为纷繁的符号现象。然而也有学者认为，向脑神经科学的靠拢会削弱符号学的人文本色。正如赵毅衡（2015b：114）所言："心灵本身是一个复杂的多元体，不应该统一量化答案，心灵问题的核心部分是超越量化的，无法在实验室里得到最终解决。"笔者认为，早在符号学建立之初，索绪尔语言符号学代表的人本主义思潮和皮尔斯符号学代表的科学主义思潮已经决定了符号学身兼二体的性质。符号的体认观需要从符号生成的内部过程入手加以阐释，也需要物理实验和客观数据进行佐证。

8 结语

符号化的意义世界必然是主体将符号对象"人化"了的世界，符号化的过程离不开主体对客观世界的体验与认知。根据后现代哲学视野下体认语言学的语言生成原则"现实—认知—语言"，我们可以将符号生成的认知路径归纳为"现实—体认—意义—符号"。这一路径符合符号生成的现实过程，同时也能够突出体验人本观在符号化过程中的地位与作用。我们认为，从人本角度阐释符号现象具有很大的扩展空间，由此倡导建立符号学下的分支学科"体认符号学"。新时代我们需要这门文科，我们期待着"体认符号学"大行其道。

参考文献

［1］程志民，江怡主编. 当代西方哲学新词典［M］. 长春：吉林人民出版社，2003.

［2］郭鸿. 文化符号学评介——文化符号学的符号学分析［J］. 山东外语教学，2006，（3）：3–9.

［3］郭鸿. 现代西方符号学纲要［M］. 上海：复旦大学出版社，2008.

［4］胡壮麟. 我国认知符号学研究的发展［J］. 当代外语研究，2013，（2）：6–10.

［5］黄秦安. 后现代哲学思潮与科学哲学的重建［J］. 陕西师范大学学报（社会科学版），2012，（3）：47–52.

［6］克里斯蒂娃. 主体·互文·精神分析：克里斯蒂娃复旦大学演讲集［M］. 祝克懿，黄蓓译. 上海：上海三联书店，2016.

［7］库尔. 生命符号学：塔尔图的研究进路［M］. 彭佳，汤黎译. 成都：四川大学出版社，2014.

［8］李幼蒸. 理论符号学导论［M］. 北京：中国人民大学出版社，2007.

［9］林正军，张姝祎. 语法隐喻的语义发生理据［J］. 外语与外语教学，2018，（5）：26–33.

［10］吕红周，单红. 略论隐喻的符号间性本质［J］. 外国语文，2014，（2）：75–79.

［11］苏晓军.《复活节翅膀》的认知符号学分析［J］. 外语学刊，2007，（1）：121–124.

［12］王铭玉. 语言符号学［M］. 北京：高等教育出版社，2004.

［13］ 王铭玉．翻译符号学的学科内涵［J］．解放军外国语学院学报，2016，（5）：1 - 10.

［14］ 王铭玉等．现代语言符号学［M］．北京：商务印书馆，2013.

［15］ 王新朋，王永祥．环境界与符号域探析［J］．俄罗斯文艺，2017，（4）：144 - 151.

［16］ 王寅．论语言符号象似性［J］．外语与外语教学，1999，（5）：4 - 7.

［17］ 王寅．认知语言学的哲学基础：体验哲学［J］．外语教学与研究，2002，（2）：82 - 89.

［18］ 王寅．哲学的第四转向：后现代主义［J］．外国语文，2012，（2）：9 - 15.

［19］ 王寅．后现代哲学视野中的认知语言学——哲学第四次转向后的语言学新论（上）［J］．外语学刊，2013，（5）：1 - 7.

［20］ 王寅．后现代哲学视野下的体认语言学［J］．外国语文，2014，（6）：61 - 67.

［21］ 王寅．基于认知语言学的翻译过程新观［J］．中国翻译，2017，（6）：5 - 10.

［22］ 王治河．扑朔迷离的游戏——后现代哲学思潮研究［M］．北京：社会科学文献出版社，1993.

［23］ 徐盛桓，廖巧云．隐喻"意识感受性"理论模型［J］．外语学刊，2017，（1）：10 - 16.

［24］ 张之沧．身体认知的符号化机制［J］．江海学刊，2013，（3）：30 - 38.

［25］ 赵爱国．谈洛特曼对文化符号学的理论建构［J］．中国俄语教学，2009，（3）：1 - 6.

［26］ 赵毅衡．论"伴随文本"——扩展"文本间性"的一种方式［J］．文艺理论研究，2010，（2）：2 - 8.

［27］ 赵毅衡．文本内真实性：一个符号表意原则［J］．江海学刊，2015a，（6）：22 - 28.

［28］ 赵毅衡．关于认知符号学的思考：人文还是科学［J］．符号与传媒，2015b，（2）：105 - 115.

作者简介

王铭玉，天津外国语大学教授，博士，博士生导师，研究方向为语言符号学。

康喆文，陕西师范大学讲师，博士，研究方向为符号学、语言学和俄罗斯人文地理。

名家叙事

我和符号学

郭 鸿

1 我学习语言学和符号学的经历和体会

    1994 年中国语言与符号学研究会成立。我参加了每次研讨会，而且积极发言。在讨论中，我发觉，大家对符号学的性质、目的、范畴等基本问题缺乏共识，譬如，"能指、所指""语言任意性""索绪尔符号学""皮尔斯符号学""认知语言学"是什么？它们之间的关系如何？我们学会和全国语言、符号学界，爆发了一场历时五六年的大辩论。通过它，我学到很多东西。这是我们学会的黄金时代！认知语言学认为，语言运用是人类认知活动的一部分，意义是经验的概念化，语义是概念结构，语法是概念结构的形式化（符号化）。认知符号学的特点，特别是动态和互动观点，应用于语言研究，具体、生动地说明语言生成的心理过程（和生理机制），同时它的动态、互动观点无形中影响了其他语言学科，推动了它们的发展。我通过认知语言学，了解了皮尔斯符号学。同时，我萌发了撰写《普通符号学》的想法。自传中称作"80 岁才学吹鼓手"。意思是：这么把年纪了，还能创建普通符号学？我硬着头皮上了！我有意把一些语言学（符号）科联系起来，构成系统，逐渐明确：用哲学逻辑范畴体系来说明符号学。陆续写了一批文章，并在结尾时，试验构筑这些学科的哲学逻辑体系，觉得可行。论文集完成后，送上海复旦大学出版社。他们欣然接受，建议我把这本书改写为《现代西方符号学纲要》，并出版。此论文集，现已由北京大学出版社列入《语言符号学研究论文》，正编辑出版中。

    《现代西方符号学纲要》出版给我很大鼓励，我决定撰写《普通符号学初探》。这项工作已经艰难地进行了 15 年。投稿时唯一困难是"不符合学术规范"，屡遭出版当局拒绝。我们会长王铭玉曾对其中一些文章，力挺刊登，爱莫能助！不幸！我的电脑置换时，毁掉了硬盘，失去了已完成的全书和其他一切宝贵资料！但我力争在有生之年完成此工作！

2 我设想的《普通符号学》

    所谓《普通符号学》，就像索绪尔讲的《普通语言学》一样不具体讲哪一种语言内容，而是讲各种符号学的共同规律。我认为，既然这样，就应该把它定格在人类文化层面上，否则没有什么意义。就像人类是使用语言的唯一动物，尽管禽兽的鸣叫千奇百怪，但鸣叫没有分节，不分词、句、章、节，不像人类语言那样，由于分节而能任意重组，表达他们要想表达的一切意义。人类是动物中唯一会制造工具的，尽管猴子会用石头砸东西，水獭会用枝叶筑巢，但它们就会那一招或几招，因为它们不会用符号构建自己的文化。文化是表达的意义或传递的信息的加工、积累、提升。物质文明，各种生活、工作用具，就是物质文明的体现。所以，文化有精神和物质内涵。

另外，《普通符号学》讲的是符号体系，这更是其他动物做不到的。符号体系就是我要讲的"哲学逻辑范畴体系"。"范畴"是人类认识阶梯，它随人类认识提升而变化——深化和扩大。哲学逻辑范畴随人类哲学发展而发展。哲学有它的时代性、阶段性，与人类生产力和认识能力一致。譬如，牛顿力学和爱因斯坦的相对论分别代表自然哲学中的两个阶段：机械唯物论和辩证唯物论，都能用简明确切的符号公式表达，并可用于传递信息、推理、论证科学行为。因此，我认为，自然科学已经拥有自己的哲学逻辑范畴体系，那就是用字母和其他常用符号构成的各种公理、原理、法则、定律、公式等。也就是说，自然科学已经有了自己的哲学逻辑范畴体系，不用重新构建。但是，我们又要首先研究它，把它的构建过程搞清楚，并借鉴这个过程，构建其他科学的，包括社会科学、人文科学、思维科学的哲学逻辑范畴体系，以此了解这些科学的性质、范围、方法、现状、历史、发展过程等。这就是《普通符号学》的实质和任务。我已经尝试构建了索绪尔结构主义符号学、皮尔斯认知符号学、洛特曼文化符号学、语篇分析、叙事语义学、文学符号学、艺术符号学等的哲学逻辑范畴体系，觉得实际可行。这些逻辑范畴体系，有别于自然科学的公式或字母和其他符号组成的表达式，一般用简明文字表达，包括始项、中项和终项，但实质与自然科学一样，同样是哲学逻辑范畴体系。正因为如此，研究《普通符号学》不能不涉及它的哲学、科学背景，并把它作为普遍方法论。

我认为，研究《普通符号学》还不能脱离它的基础符号学科：索绪尔结构主义符号学（符号学本体论）、皮尔斯认知符号学（符号学认识论）、洛特曼文化符号学（符号学文化论）。没有这些基础学科，《普通符号学》就毫无根据，成为无根之木，无源之水。另外，还要联系现代科学《系统论》，包括系统论、信息论、控制论，因为"三论"实际上是以这三门符号学科为基础，而且可以更清晰地看出它们的有机联系。从此，我们能清楚看到一脉相承：哲学——符号学——科学。符号学既有哲学的抽象概括性，又有科学的实际操作性，是哲学与科学间的桥梁。哲学通过符号学指导科学，科学通过符号学将实践经验上升为哲学。符号学的哲学逻辑范畴体系，实质上是唯物辩证逻辑体系，与历史唯物主义一致，《普通符号学》是普遍方法论。

3 三门基础符号学

这些学科都是时代产物，代表现代哲学和科学技术的成长阶段。索绪尔（Ferdinand de Saussure，1857—1913）和皮尔斯（Charles Sanders Peirce，1839—1914）符号学都诞生在 20 世纪初，资本主义上升时期；而洛特曼（Juri Lotman，1922—1993）文化符号学诞生在资本主义晚期。这个时期，生产方式发达，同时出现种种社会异化现象。

3.1 索绪尔语言符号学

索绪尔语言符号学，开系统论之先河，不像历史语言学那样研究语言历史和特定语言，它研究语言各要素间关系，把重点从语言本身挪到语言要素间关系：语言与言语、共时与历时、横向组合与纵向选择、形式与实质、任意性与线性等，并认为语言是社会事实，重视研究语言与其社会环境间关系。它的逻辑体系是对称逻辑。所谓"它只研究（或偏重）语言不研究言语、它只研究（或偏重）共时语言而不研究历时语言、只研究（或偏重）语言系统不研究语言环境"等，都是不实之词，本身不符合逻辑！因为，既是对称逻辑，怎么能只研究对称一方，而不研究另一方？事实上如此，有无数实例。索绪尔认为，语言是系统的系统，是一个整体，是一个结构，是分层次的，与现代科学《系统论》完全一致！

索绪尔语言符号学逻辑范畴体系（二元对立）

始项

能指与所指

中项

语言与言语

共时研究与历时研究

纵向选择关系与横向结合关系

语言符号任意性与线性

形式与内容

终项

语言学的任务：把语言当作各单位和各种关系的一个系统来研究；研究语言就是给各语言单位、它们之间的关系以及它们结合的规则下定义；

所属的哲学范畴：本体论和先验论；

特点：社会（心理）性，结构（系统）性；

功能：在语言行使人类的认知、思维和表达、交流的两大功能方面，它侧重表达、交流（而皮尔斯认知符号学侧重思维、认知）；

应用范围：社会人文学科，特别是语言学；引申意义上，提供了现代科学《系统论》基础。

3.2 皮尔斯认知符号学

皮尔斯符号学，本身很乱，连它自己各个时期的版本都不一致！美国斯坦福哲学百科全书认为，它的1930年版本较好。我同意，并按此，结合许多参考资料做了分析解释，供参考。

这个版本，我认为，还有以下特点：（1）皮尔斯一生研究逻辑学，内容冗长、庞杂，临终还没完成。而这个版本，为了结合其实用主义哲学和方法论，把逻辑学（符号学）范畴限定在10，去除了许多范畴，并把哲学、逻辑学、科学方法结合成一个整体。而正是删去的那些范畴把人搞糊涂了！我认为，上述三结合方式是最佳方式，成为符号学典范——三位一体！

现在，回到皮尔斯符号学本身。它是什么性质的符号学？为什么索绪尔符号学是二分的（能指与所指），而皮尔斯符号学是三分的（符号载体—对象—解释）？为什么美国人如此推崇皮尔斯而国人不甚了解？等等。

皮尔斯符号学是20世纪初，美国处于资本主义上升时期的产物。他的符号学属于逻辑实证主义的实用主义，有别于后来杜威之流的、带有社会、政治偏见的实用主义。皮尔斯称自己的实用主义为实效主义，对美国科学发展，甚至世界科学发展，都起了重要作用。他的（自然科学）实用主义哲学、逻辑学、科学方法论一体化，是人类思维、认知学说。理所当然，他的符号学是认知符号学。

皮尔斯符号学符号定义：符号是意义载体，符号不代表全部意义，只在某时、某地、某方面代表意义；符号也是活动，这种活动，永不停止。世界充满符号。所有思维都以符号进行（all thinking is in signs）。符号（载体）指向对象，在人头脑里产生一个扩大符号，叫作解释——另一符号，这个符号回过头来与原来符号作用，又产生一个新解释——另一符号……如此下去，永不停止。我们想想：这是不是思维、认知过程？当我们思考如何解决一个疑难或重大问题时，第一时间想出了一个办法，第二时间，觉得不对，于是否定或部分否定原来办法，想出另一办法，第三时间又觉得前一时间想出的办法不对（或部分不对），……如此下去，不停止。这是不是皮尔斯说的"反思"（reflexive）？

皮尔斯符号学虽然费解，但我们联系他的哲学、科学方法、其他方面情况和许多专家的解释，我们还是能理解他的核心思想。尤其他的符号学逻辑堪称典范，如此规范、明晰。

皮尔斯符号学逻辑范畴体系（三元互动）

第一性（firstness）——第二性（secondness）——第三性（thirdness）；

112

符号模式：符号载体（representmen）——对象（object）——解释（interpretant）。

认知三个阶段：了解事物性质，肯定事物存在，了解事物存在规律；

三种认知方式：图像符号（icon）说明通过事物间相似性（共性）认识事物，标志符号（index）说明通过事物之间依存（因果）关系认识事物，象征符号（symbol）说明通过社会共识或习惯认识事物；

三种认知结果：了解一种可能性，肯定一个事实，讲清一个道理；

三种认知效果：可能效果，具体效果，普遍效果；

引起三种反应：可能行动，实际行动，习惯行动；

三种科学探索方法：假设法（溯因分析法），演绎法，归纳法。

3.3　洛特曼文化符号学

至于洛特曼文化符号学（以下简称"文化符号学"），我认为它是三大符号的有机结合，属于（哲学）符号学的文化论阶段。（我认为，称"文化论阶段"比"语言学转向阶段""人类学阶段""伦理学转向阶段"好，因为这个名称概括、确切，而且与上文贯通：我们已经把符号学研究定格在人类文化层面上）文化符号学诞生于20世纪70年代初期（以洛特曼为代表的"莫斯科—塔图学派"的文化符号学理论发表在1972年）。许多历史著作，如《现代西方哲学》，将此年定格于资本主义晚期。文化符号学隐含对晚期资本主义异化现象的批判，属于（哲学）符号学伦理学转向阶段。首先，文化符号学是索绪尔结构主义符号学与皮尔斯认知符号学的有机结合。洛特曼把文化定义为：人类符号活动；它的符号，由索绪尔的能指加所指——离散性符号（音素、词、句、段落、篇章）加皮尔斯的图像符号——混成型符号；他的文化符号学源于他的结构主义诗学。开始，我怎么也搞不懂。Roman Jacobson 的诗学不是结构主义诗学吗？我对照了他们两人的诗学，一点不差！后来，读了一篇文章，才知道：洛特曼加上了解码过程。他认为，诗歌是最美、最丰富的语言，由各种格律和转义构成，包括、节奏、韵律、比喻等各种修辞手段。写诗是编码，读诗是解码，后者也属于诗作过程。这里又加上了皮尔斯符号活动过程！

索绪尔的文本是词句组成的语篇，而皮尔斯的文本是图像（命题、符号活动），洛特曼的文本，既是索绪尔的语篇，又是皮尔斯的符号活动。洛特曼的文本是文化文本，大到民族文化文本，小到个人文本。文化文本是一个符号域（semiosphere），有它的文化内涵和生活环境，且有一定的排他性。域内的人总以为自己是文明人，而域外的人是野蛮人。因此，文化交流首先要打开符号域，并为此做一系列物质、心理准备工作，这就是"改革开放"。历史是一个过程，也是一个系统，分为许多层面。总的来说，历史是渐进的、可预测的。但在另一层面，又可能是突变的，一次文化爆炸（culture explosion）。譬如，当今的新型冠状病毒疫情就可解释为一次文化爆炸，一次突变。一个科学上的重大发明，一次严重、涉及较大地区的地震或水灾，都可以看作一次突变。在一个地区、一定范围是毁灭性的灾难，但在另一层面，并非如此。

洛特曼文化符号学哲学逻辑范畴体系
（二元对立、不对称二元对立、三元互动）

始项
文化——符号系统、人类符号活动

中项
文化系统中各子系统和各层面间互动是信息的生产、流通、加工和储存的集体符号机制；符号系统是"模式化系统"，也就是认知和建构客观现实的系统，语言是主要模式化系统，而语言以外的是次要模式化系统；语言艺术既是一个通信系统，也是一个模式化系统，它传递信息和构建现实意象；文化是诗学扩大的应用。

符号——离散符号（索绪尔）+混成符号（皮尔斯）

文本：

文字文本（索绪尔）+符号活动（皮尔斯）

文本交换（翻译）——非对称二元对立、不一致性产生新信息（增进文化）

文化文本——个人符号活动、集体符号活动、地区符号活动、民族（国家）符号活动

符号域（符号圈）——符号活动+符号活动环境；有民族特色（排他性）；功能部位（边界），"开放"即打开边界，进行文化交流；交流即信息、物质、能源交流；交流双方推动彼此文化进步发展

历史——历史整体渐进可预测、其某层次可能突变而发生灾难或创新（产生新信息），推动历史整体可预测渐进

终项
文化是一个符号系统和人类符号活动，是文化系统中各子系统和各层面间的互动，是"信息的生产、流通、加工和储存的集体符号机制"。文化既是一种集体记忆，又是产生新信息的程序。

文化符号学根源：索绪尔结构主义符号学和皮尔斯认知符号学

哲学范畴：本体论和认识论逻辑范畴体系；具有辩证唯物论性质

特点：社会性、认知性、交流性、动态和互动性

应用范围：文化研究；促进文化交流，处理一个国家内和世界范围内各民族间关系，促进整个人类的和平进步；隐含伦理学——说明：封闭（单边主义、霸权、制裁、退群等）即脱离（甚至反对）人类符号活动、停止自身符号活动、导致其文化停滞后退

4 结语

从学习语言学和符号学的经历和体会，到设想中的《普通符号学》，再到索绪尔语言符号学、皮尔斯认知符号学和洛特曼文化符号学等三门基础符号学，大体是想借受邀约稿之机来略微整理下自己的学人体验和符号学感悟，希望"漫谈"之余或可引发学界同仁的省思与激励，同时寄予符号学能有更广阔的发展空间。

作者简介

郭鸿，解放军国际关系学院教授（已退休）。主要研究方向：符号学和语言学。

学术综述

统筹与引领

——法国利摩日大学符号学研究中心简介

王天骄

摘　要：“巴黎符号学学派”是当下法国符号学研究的主流，它凭借研究领域的广泛性、思想观点的前沿性和理论建设的成熟性，而受到符号学研究者越来越多的关注。法国利摩日大学符号学研究中心，是统筹与引领这一学派发展的重要科研机构。本文拟从“建立和规模”“挑战、结构要素和原则”及“研究模块”三个方面，对利摩日大学符号学研究中心的演变和发展进行梳理，以期展现这所科研机构的基本脉络，同时加深我们对“巴黎学派”符号学基本问题的理解。

关键词：符号学　巴黎学派　研究中心

　　法国利摩日大学符号学研究中心（简称 CeReS）①，是法国第一个冠名以“符号学研究”的科研机构，它的创始人是法国著名符号学家格雷马斯（A. J. Greimas）的亲授弟子、法国第一位符号学博士雅克·丰塔尼耶（Jacques Fontanille）。利摩日大学符号学研究中心对当今法国的符号学研究，特别是“巴黎学派”（l'Ecole de Paris）的符号学研究，起到了不容忽视的统筹和引领作用。了解这所研究中心的历史和现状，对进一步认识法国符号学特别是巴黎学派符号学理论的基本问题，洞悉其目前的发展动向和趋势，都将具有十分重要的意义。有鉴于此，下文拟从“建立和规模”、“挑战、结构要素和原则”及“研究模块”三大方面，对该中心进行简要的介绍，以供国内相关学者参考。

1 建立和规模

1.1　建立

　　利摩日大学符号学研究中心（CeReS）的前身是法国符号学家雅克·丰塔尼耶（Jacques Fontanille）于 1993 年在位于巴黎的法国国家科学研究中心（CNRS）创立的符号学研究小组（GDR Sémiotique），1993—1999 年，丰塔尼耶一直担任这个研究小组的组织者。2000 年，为了对全法的符号学研究进行重组和整合，丰塔尼耶在符号学研

---

①　感谢法国利摩日大学符号学研究中心专职研究员、博士生导师迪迪埃·萨拉-埃法教授为笔者提供中心的相关法文资料。

小组的基础上创建了法国符号学研究中心，并且把这个中心设立在其任教的利摩日大学。从这个意义上讲，尽管这个研究中心位于利摩日而非首都巴黎，但由于其统筹的是整个法国的符号学科研工作，所以它仍旧可算是当今影响力遍及全国而不仅仅是某个区域的符号学研究中心。

作为中心研究对象的"符号学"（sémiotique），其探讨的是"话语场"（champ discursif）。换句话说，符号学要分析的是意义产生的广阔领域：小到基本的"陈述句"（énoncé），大到"文化表达"（manifestation culturelle），还包括文本维度和林林总总的话语实践等。因此，符号学的研究对象具有多样性（文本、图像、文字、习俗以及社会互动），因为它是由"变量"（grandeur variable）所构成；与此同时，符号学的研究对象也具有很强的统一性，因为它是关于意义产生之条件及结构的研究。

1.2 规模

经过近 20 年的稳步发展，如今的利摩日大学符号学研究中心位于利摩日大学文学与人文科学学院，它逐步形成了三大科研模块（下文将在第三部分做介绍），每个模块都基于历时性和共时性的观念，从语言学（linguistique）、元语言学（métalinguistique）和直觉语言学（épilinguistique）等视角对"自然语言"（langue）和"言语活动"（langage）实施协调统一的研究。中心的教学科研人员来自不同的学科，其中最有代表性的学科当然是符号学，然而也有其他的科研人员分别来自信息科学、交际科学和语言学。

目前，利摩日大学符号学研究中心拥有专职研究员（membre permanent）30 名，兼职研究员（chercheur associé）20 名，博士研究生 56 名，下辖"认知、行为、言语"博士生院。其中，雅克·丰塔尼耶的女儿伊莎贝尔·克洛克-丰塔尼耶（Isabelle Klock-Fondanille）担任研究中心的行政主任，她的研究方向主要为"文字符号学"（Sémiotique de l'écriture）；尼古拉斯·古维涅阿斯（Nicolas Gouegnas）担任中心副主任，他主要研究文本语义学、交际符号学和人类符号学，近年来他的重要专著有《意义地带：人类符号学探索》（和雅克·丰塔尼耶合著，*Terres de sens. Essais d'anthroposémioitique*，2018）和《从体裁到作品：文本性的符号学动力》（*Du genre à l'oeuvre. Une dynamique sémiotique de la textualité*，2014）。重要的专职研究员还有索菲·安克蒂尔（Sophie Anquetil），她的研究重点是"间接言语行为"（actes de langage indirects），并出版专著《间接言语行为的描述和处理》（*Représentation et traitement des actes de langage indirects*，2014）；雅克·丰塔尼耶，他作为符号学研究中心的资深荣退教授，目前从事"生活形式"（Forme de vie）和"身体与意义"（Corps et sens）方面的研究，他的同名专著《身体与意义》（*Corps et sens*，2011）的中文版本已由我国知名的法国符号学研究者和译者、南开大学法语教授张智庭（怀宇）先生翻译出版。雅克·丰塔尼耶其他重要的专

120

著还有:《激情符号学:从物的状态到心灵状态》(和 A. J. 格雷马斯合著,*Sémiotique des passions. Des états de choses aux états d'âme*,1991)和《张力和意义》(和克洛德·齐勒贝尔伯格合著,*Tension et signification*,1998)等共 10 余部;让-弗朗索瓦·博尔德龙(Jean-François Bordron),同样是中心的荣退教授,其研究方向主要是符号学与图像、感知及美学,其近年来的著作有《相似性及其图像》(*L'iconicité et ses images*,2011)、《图像和真实性》(*Images et vérité*,2013)和《声音的意义》(与吉拉尔·尚戴斯、弗朗索瓦·鲍博里合著,*Les sens du son*,2014);吉拉尔·尚戴斯(Gérard Chandès),研究方向为信息科学与交际学;辛迪·列斐弗尔-斯科德蕾(Cindy Lefebvre-Scodell),其研究方向为知觉符号学、感官话语分析、陈述活动和数字媒体;奥黛丽·莫塔特(Audrey Moutat),研究方向是符号学与翻译、句法学;最后是迪迪埃·萨拉·埃法(Didier Tsala Effa),他的主要研究为机器人学和媒体话语。

在兼职研究员队伍中,比较有代表性的学者有三位:伊万·达罗德-哈里斯(Ivan Darrault-Harris),研究重点是心理符号学;弗朗索瓦·鲍博里(François Bobrie),研究领域为市场符号学;杰罗姆·吉布尔热(Jérôme Guibourgé),研究方向为符号学与"设计学"(design);此外,还有让-保罗·佩蒂蒂皮特(Jean-Paul Petitimbert),他的研究方向是社会符号学和战略学。

同时需要说明的是,上述所介绍的学者仅仅为笔者认为最能代表中心科研特点及方向的成员,其他学者,包括中心的博士研究生,也在自己的研究领域不断耕耘,为法国符号学的发展贡献了自己的力量。然而限于篇幅和字数,文章暂不一一介绍。

2 挑战、结构要素和原则

2.1 建立符号学独立学科地位的挑战

利摩日大学符号学研究中心自 2000 年成立以来,一直立足于符号学研究的机制化和国际化,它同时见证了 21 世纪开始的二十年间符号学研究的蓬勃发展和对独立学科地位的不懈追求。当前,利摩日大学符号学研究中心已经拥有较强的理论建设能力,进一步优化研究专题,给科研工作带来新的转型。可以说,在研究中心的推动下,法国符号学研究进入了一个关键的历史时刻。在转型的背景下,科研人员可以从新的视角来接纳和领会符号学,多门学科的"话语场"中都有"符号学成分"(composante sémiotique)的参与,这种成分被充分挖掘和调动起来:从设计学到人类学,从话语分析到地理学,从市场营销到政治科学,还包括临近学科,比如信息科学、交际学和语言学。从更广义的角度来讲,整个人文科学如今都不可避免地涉及"意义"(sens)问题,不同的学科纷纷以各自的方式向"意义"问题或符号学问题靠拢,因此形成了一种"向心运动"(mouvement centripète)。

对于利摩日大学符号学研究中心的研究者来说，从上述"向心运动"中汲取益处，给人文科学提供方法论支持，以及对意指实践活动进行操作，就构成了重要的工作方面。由于意义对象的状态不够稳定，所以研究过程中会借助复杂的大众媒体途径对其进行描述，进而将其理论化和概念化，这就使得意义问题的研究带有恒定的科学特质。研究人员坚持认为，赋予某项研究以独立的学科地位，这样的工作不是一蹴而就的。相反，独立的学科地位并不是实施某项研究的前提和必要条件，而是长期推进这项研究的必然结果。正如安娜·埃诺女士所指出的那样："符号学目前只是一项长期的科学计划，只有继续依靠符号学理论充分进行实践活动，才能最终建立起真正独立的符号学学科。"①

2.2 结构要素

目前，利摩日大学符号学研究中心能够依靠三大结构要素：1）开放性传统与实用性目标；2）坚持科学定位；3）认识论一致性基础上的学科补充。这三大支柱为符号学本身所固有，并在历史发展过程中，为符号学研究中心所吸收，在创建其专业团队方面起到了重要的指导作用。下文简要分析这三大要素：

2.2.1 开放性传统与实用性目标

自符号学科学计划萌发之初，其开放性和实用性的特征便显示了出来。开放性让符号学适应于研究对象及理论发生转变的现状，同时也并不违背其最初的认识论定位。事实上，如果说索绪尔（F. D. Saussure）对符号概念的构建、叶尔姆斯列夫的符号学等级划分原则以及后来二者在理论上的融合，都已经转化为格雷马斯及其后继者符号学主张中的核心成分的话，那么这种情形也为符号学研究中心的科研工作提供了重要的理论参考。从定义的角度讲，理论的生成模式也就是其合成模式，它需要多重学科的参与，从而保证描述对象的完整性。作为这种融合性和经验性目标的必然结果，符号学在构建过程中成为三种不同领域的交汇之地：结构语言学、结构人类学和现象学。理论来源的多样性表现为研究对象的多样性，进一步形成各具特色又相互联系的符号学研究方向：社会符号学（socio-sémiotique）、人种符号学（éthno-sémiotique）、心理符号学（psycho-sémiotique）和符号市场营销学（sémio-marketing）等，与这些方向相关的研究正在利摩日大学符号学研究中心有序开展。

2.2.2 坚持学科定位

第二个结构要素在于学科理论与实践定位的持续性，以及对科研活动社会性和跨学科目标的确认。符号学研究中心开设的两大硕士专业便是上述观念的直接体现。从1999年开始设立一年制的专业硕士（DESS）：符号学与战略：革新、领会和交际，今

---

① 安娜·埃诺教授为笔者的博士论文指导老师之一，引文选自 2019 年 3 月她与笔者的一次谈话。

天它直接被叫作两年制的"符号学硕士"（Master Sémiotique），因为这个研究方向具体依托于符号学模式的操作性，为交际活动参与者提供极具优势的革新性工具。另一个是"编辑学"（Edition）硕士，它建立的基础是符号学研究中心处理文本对象的能力，以及在交际和市场营销活动中的鉴别能力。应该说，这两个硕士专业实践持续从研究中心的科研活动中汲取养分。

不难看出，尽管目前符号学尚未取得独立的学科地位，但是坚持符号学的学科定位，这已经成为利摩日大学符号学研究中心的核心特点之一。只需列举中心所主持的一部分科研项目就可以证实上述观点："新兴文化与符号学媒体"项目（CEMES），针对卫生问题的"物质生活"项目（Vie de la matière）以及机器人学方面的"罗密欧"项目（ROMEO）等。在很大程度上，多样化的研究对象均受到统一的符号学原则的支持。在生成模式框架下，不同的符号学对象具备各自的特殊性，然而它们都从属于关于意指结构唯一性的预设。换言之，在意指结构的唯一性面前，研究对象和文本化的多样性仅仅居于次要地位。因此，符号学的分析工作实际上是在意指结构唯一性和研究对象多样性之间来回往返。从这个角度来说，丰塔尼耶倡导对实践活动进行符号学的模态化（modélisation）研究，从内在性层次上对其进行建构，这种观点扮演了重要的角色，它从 2004 年就提供了一个可行的框架，适于对符号学分析的"往返路径"（l'aller-retour）进行恰如其分的思考，这种模态化也标志着意指结构研究的一次重大进展。

2.2.3 认识论一致性基础上的学科补充

最后一个要素，利摩日大学的符号学研究团队具备丰富的跨学科性，汇聚了语言学家、信息科学研究者、交际学专家和符号学家。然而，一个不容忽视的事实是，在理论定位方面，不同学科的科研人员保持着特殊的同质性。经过多年的发展和积累，在法国乃至国际学术界，利摩日大学符号学研究中心获得了一种相对特殊的学科身份。如今，对结构主义的诉求在某种程度上是有所减弱，但它在认识论中的地位依旧不可忽视，符号学的研究坚持内部的统一性原则，利摩日大学的研究人员正是在这个共识基础上进行理论的创新。具体来说，中心人员主要在以下几个方面展开工作：陈述理论、话语分析、文本或论域（topoï）语义学、词汇语义学和音位学。这些研究课题和纯语言学的研究有明显区别，后者的研究对象是各种自然语言。在研究过程中，利摩日大学符号学研究中心也对符号学分析活动中产生的描述方法进行审视和完善。

从认识论的角度出发，信息科学和交际学也被纳入符号学或者广义的语言科学的研究之中。事实上，符号学在这些领域的实践是丰富的。然而，需要指出的是，符号学研究不能和干巴巴的理论躯体混为一谈，它不是概念或理论的简单堆砌，更不能和某一部学术作品画等号，即使这部作品来自格雷马斯、艾柯（Umberto Eco）、巴特（R. Barthes）或丰塔尼耶。符号学是对"意义矢量"（vecteur du sens）的分析行为，文本或话语是意义矢量的具体表现形式。

2.3 原则

利摩日大学符号学研究中心的定位是建立在认识论原则基础之上的，它与中心的理论建设、方法论建设齐头并进，并且和研究团队的科研规划严密协调在一起。中心坚持的首要原则可以简单表述如下：加强符号学在社会人文科学中的自主性，应对社会性挑战（环境、文化遗产、教育、媒体以及健康等方面）。在某种程度上说，对这些问题的探讨构成了中心研究工作的重点。

"内在论"（immanentisme）是利摩日大学符号学研究中心所坚持的第二大原则，中心所实施的符号学研究从整体上可以被归纳为对事物的内在性提出问题，并且对其进行描述。符号学内在论具备双重的特点：一方面，所有的资料和数据绝不是直接被获得，而是被建构的，比如语言的"音位"（phonème）或文本的"义位"（sémème）；另一方面，对于研究对象来说，符号学理论本身就是内在的，符号学本质上是一种"描述性的言语活动"（langage de description）。正因为如此，它才被认为"是一种元语言"（Greimas et Courtés，1993：224—226）。这种内在论不断被深入探讨，并在不同的范畴下被重新表述，对符号学研究中心的科研活动产生越来越大的影响。换言之，内在性实际上存在于所有的意指实践活动之中，无论其受何种"行为者模式"（schéma actantiel）所主导，也不受其特定的表现形式（法律、技术、环境或社会网络等）的影响。如此一来，被分析的对象就不再是一种"生成过程"，而是参数（文本、符号、习俗和策略等）叠加和混合的结果。

3 三大研究模块

经过不断实践和探索，利摩日大学符号学研究中心如今形成了各具特色，又相辅相成的三大研究模块，下文对其做简要介绍。

3.1 第一模块：符号学媒介

3.1.1 文字研究，文字识别

这个研究课题主要包括对未知文字的识别、探究文字的起源和创造问题，它建立在古代文字资料的基础之上，研究方法受到了语言学、符号学和人类学的影响。文字可以被认为是一种"图示符号学"（sémiotique graphique），它开启了"跨际符号学"（intersémiotique）转换过程，推动了"文字学"（grammatologie）的发展。换言之，这项研究对史前文字尤其感兴趣，其关注对象也包括传统上不被看作是真正文字的其他表意系统。

3.1.2 感官符号和陈述活动

本专题开展的基础是格雷马斯对感知和言语活动之间相互关系的研究，其目标有三个方面：一、把感知领域纳入符号学的研究范围，在厘清符号化组合结构的基础上，分

析感官世界如何获得意义；二、思考如何将感官经验置入话语，感官经验如何借助不同的（视觉的、词语的和造型的）陈述系统呈现出其外形，它的文本化程序又是怎样的；三、在上述两种理论思考的基础上，进一步确定感觉认知的原则。由此，多种研究对象将会被涉及。

3.1.3 符号部署、媒介和环境

今天的社会已经进入数字化时代（l'ère numérique），媒体信息能够催生全新的文化，并且通过意指实践活动表现出来。利摩日大学符号学研究中心决心从符号学的角度，描述媒体信息促使新文化诞生的方式。这个研究目标就意味着，科研人员针对的是文化形式（文本、作品、海报和博客等）的话语表达，以相对革新的视角，对其中的意义进行探究。种种数字媒体都应该被看作是"表达形式"（forme de l'expression），它们经由话语途径来参与到文化实践的建构和推广之中。这个关键论点证实了符号学描述的必要性，也决定了媒体符号学的稳步发展。

3.2 第二模块：言语描述要义（文本、自然语言和话语）

3.2.1 符号学与翻译

利摩日大学符号学研究中心将"符号学与翻译相结合"的研究置于"对比语言学"（linguistique contrastive）的大框架之下。首先，翻译过程中的叙述者阐述问题成为研究对象。其次，在此基础上，研究工作将译者工作放在思考的中心环节上。中心认为，译者在不同的自然语言之间扮演着媒介的角色，需要综合共时性和历时性的角度对此进行研究，研究中还要结合翻译史和翻译理论的发展。

3.2.2 符号学新的分析模式

信息技术诞生以来，新型研究工具赋予语言科学、信息科学及交际学建构和处理数据的可能性，从而改变了人类和经验世界之间的关系，获得了一些新的"可观察物"（observable）。事实上，这些新型工具正在适应符号学研究对于模态化和科学性（scientificité）的要求。多样化的大众传媒素材可以看作是陈述活动多元化的成果。因此，客观地看，多样的陈述方式及其带来的数据资料都会产生意义。利摩日大学符号学研究中心针对此种情形，建立起原创的探究机制，分析相关的一系列问题：叙述性、张力度（tensivité）、陈述活动以及话语中的价值论（axiologie）等。

3.2.3 对意义稳固性的研究

语言学、符号学的研究的特点是符号的运动性（mobilisation），比如口头言语或视觉言语。如果元语言学/元符号学涉及语言、话语对自我的言说能力的话，那么语言和符号的"直觉维度"（dimension épi-）关注的是"意义的稳固性"（stablilisaiton du sens），它其中一个预设是意指结构的"现象存在"（l'existence phénoménologique），在"无意识"（non-conscient）和"意识"的反射功能之间建立起联系。可以从多个层面对

125

"直觉语言学/直觉符号学"（épilinguistique/épisémiotique）进行深入阐释：从跨文化的角度来说，一种文化的语言学模式可能和另一异质文化中的固定模式相冲突；从社会语言学的角度来看，在同一个社会之中，也可能存在互相冲突的语言或符号群体；最后，从现象学和陈述的角度出发，主体在识别差异的基础上对意指活动进行调整，获得灵活自由的意义模式，或者是在活生生的策略语境下建构新的模式。总而言之，利摩日大学符号学研究中心在"话语物质性"（matérialité discursive）内部来探讨意义稳固性的问题。

3.3　第三模块：特定语境下的意义（文化、习俗和存在方式）

3.3.1　人形机器人学

围绕"人形机器人学"（robotique humanoïde）的研究和人工智能工业联系在一起，并且取得了相应成果。这项研究对"个人辅助性机器人"（robot assistant personnel）的观念进行了思考，思考的出发点涉及"人机交互"（interaction home-machine）的动力问题。在具体的语境下，这些问题主要体现为：人机交互的具体情形是怎样的？人形机器人和独立的个体以什么样的形式共同出现？更确切地说，这项研究针对下列具体情感概念：同情心（sympathie）、意气相投（affinité）、（情感）映射（bijectivité）以及习性（ritualité）。可以看出，众多的符号学领域均被纳入研究的范畴，但是应当指出，这些研究的前提是对基础关系结构（structure élémentaire de relation）的把握和认知。

3.3.2　大众数字媒体背景下陈述活动的新型实践：评价、识别与自我表达

在数字化（digitalisation）媒体的背景下，"竞争性压力"（pression concurrentielle）通过符号的形式转移并作用于社会大众。这些符号理所当然地成为话语的生产者和发送者，符号与符号之间也通过共享、评价、批判、倡导、反对和建议等方式，不断进行自我交流和互动。符号生成的话语形式多种多样，但相互之间存在共同的逻辑前提，即评价逻辑（logique de l'évaluation），它产生了巨大的社会反响和意义效果。符号评价给数字化信息流通带来的影响越来越大，在非凡的传播过程中，符号似乎一步一步演变为一种"文化形式"（forme culturelle），并且在非物质、全球化的时代中打下了烙印。此外，诸多的社会话语实践，比如记录、倡导、选择以及识别等，均已进入集体的日常生活之中。因此，通过对集体识别过程中的个体意见进行解读，就可以窥见社会交际和消费领域内的符号运动趋势。利摩日大学符号学研究中心的研究人员已经就这个广阔的论题着手进行研究，而第一步就是要更好地理解新型交际流通中的符号形式以及评价活动机制。只有理清和明确评价机制，才能具备必要条件，从而考察选择和识别的数字化实践，进一步研究大众空间的符号化进程。

3.3.3　人类符号学视角下的意义理论

新近的讨论和研究工作着眼于生命的形式及实践，一批具有重大影响力的开放性课

题应运而生。第一个是符号化（sémiose）的类型学问题，利摩日大学符号学研究中心的研究人员把符号化分为三类，分体论（méréologique）和整体论（totalisation）符号化（符号和作品，文本和对象）、流动性（flux）和实践性（pratiques）符号化（生活形式和实践）、存在性符号化（存在方式，生物—符号范畴）。第二大问题是方法论的选择：任何一类符号化，在分析的过程中都难免遇到其本身固有的难点。因此，在研究中，中心学者尤其注重搜集生活形式及存在方式相关的数据资料，并对其进行探究，最终把人种学、社会学所推动发展的语言科学方法论纳入认识论的框架之下。第三个要探讨的是跨学科的属性问题：自格雷马斯的时代以来，人类学——这是结构论符号学（sémiotique structurale）的三大理论支柱之一（其他两种分别是言语活动理论和现象学）——不断得到发展和深化，这些成果都建立在列维-斯特劳斯（C. Lévi-Strauss）和叶尔姆斯列夫（L. Hjelmslev）两人研究工作的基础之上：包括"本体论转向"（tournant de l'ontologie）、考量"存在方式"（mode de l'existance）以及强调言语结构（后来又扩展到陈述活动领域）。现今，在研究生活形式及实践的同时，研究者也正是对人类学取得进展的规模进行衡量，在构建普通人类学的过程中，把实践活动的"图示化"（schématisation）置于中心地位，并且考虑行为者（actant）和环境（它们的生物—符号范畴）的符号学互动。上述所有进展均对言语理论产生了重大影响，而且应该被归入符号学的大厦中去。

4 结语

利摩日大学符号学研究中心的研究实现了"变量"和"定量"的统一，正如上文所分析的那样，"变量"体现出研究对象的多样性和先锋性，而"定量"指的是统一的符号学视域。不难看出，法国符号学，特别是"巴黎学派"符号学坚持对符号间关系，即对"承载意义之结构"① 进行细致考察的思路，注重研究符号表达的交际功能，在形式和意义相结合的基础上对人类的情感状态进行符号学的描述。利摩日符号学中心的研究为挖掘意指结构背后的认知语义和功能而进行理论建构，为探究情感表达形式的交际功能而引入符号学分析方法。总而言之，在利摩日大学符号学研究中心的不懈努力下，"符号学在对意指结构、对人类思想和理性的动态模式的探索方面，为我们开启了全新的知识领域。"②

参考文献

［1］Greimas, A. -J. & Coutés, J. *Sémiotique, dictionnaire raisonné de la théorie du langage*

---

① 笔者曾参加张智庭教授2016—2018年在天津外国语大学研究生院开设的"文本的符号学分析"课程，引文选自授课内容，请参见《法国符号学研究论集》，怀宇/著，北京大学出版社，2019。
② 请参见《符号学问题》，（法）安娜·埃诺/主编，怀宇/译，中国人民大学出版社，2019。

［M］．Paris：Hachette，1993．

［2］Hénault, A. *Les enjeux de la sémiotique* ［M］．Paris：PUF，2012．

［3］怀宇．法国符号学研究论集 ［M］．北京：北京大学出版社，2019．

［4］安娜·埃诺．符号学问题 ［M］．怀宇译．北京：中国人民大学出版社，2019．

作者简介

王天骄，巴黎索邦大学（巴黎四大）语言符号学在读博士。主要研究方向为符号学。

《语言与符号》征稿启事

《语言与符号》为天津市普通高校人文社会科学重点研究基地天津外国语大学语言符号应用传播研究中心编辑出版的中文学术辑刊、中国语言与符号学研究会会刊。著名学者、北京大学资深教授胡壮麟先生任编委会主任，中国语言与符号学研究会会长王铭玉教授任主编，北京航空航天大学出版社出版。主要刊登符号学和语言学方面的学术文章，设有思想快递、理论研究、学术专栏、论文选登、译文选登、书刊评介、人物访谈、学术动态等栏目，旨在为我国学者提供学术交流平台，推动语言与符号学研究在我国的发展。

投稿请发至 yuyanfuhao@163.com，审稿周期为 4 个月，4 个月未回复采用可另投他处。稿件刊出后将赠送两本样刊。

欢迎赐稿！

稿件体例：

Peeter Torop 的文化符号学翻译观

×××

（××××大学）

摘　要（宋体小五）

关键词（宋体小五）

英文题目（Times New Roman 四号）

英文作者姓名、单位（Times New Roman 五号）

英文摘要（Times New Roman 小五）

英文关键词（Times New Roman 小五）

1. 前言（宋体小四加粗）
2. 文化符号学

2.1　塔尔图—莫斯科符号学派（宋体五号加粗）

2.1.1　塔尔图—莫斯科符号学派的理论基础（宋体五号加粗）

2.1.1.1　俄罗斯的传统人文思想（宋体五号）

正文（中文为宋体五号，外文和数字为 Times New Roman 五号）

引文夹注格式：（刘润清，2002：403）、（Richards，1986：8）

脚注每页重新编号，序号为带圈的阿拉伯数字，不使用尾注。

参考文献

［1］Allott，R. Language and the Origin of Semiosis ［A］. *Origins of Semiosis：Sign Evolution in Nature and Culture* ［C］. Berlin：Mouton de Gruyter，1994：255 – 268.

［2］Barnstone，W. Translation Theory with a Semiotic Slant ［J］. *Semiotica*，1994，（1/2）：89 – 100.

［3］Gorlée，D. L. *Semiotics and the Problem of Translation* ［M］. Alblasserdam：Offetdrukkerij Kanters B. V. ，1993.

［4］陈宏薇. 社会符号学翻译法研究 ［J］. 青岛海洋大学学报，1996，（3）：88 – 93.

［5］霍克斯. 结构主义和符号学 ［M］. 瞿铁鹏译. 上海：上海译文出版社，1997.

作者信息：姓名、性别、单位、职称、学位、主要研究方向、邮箱地址
基金项目：项目名称、项目号

中心网址：http：//yyfh. tjfsu. edu. cn/
电子信箱：yuyanfuhao@163. com
办公电话：（022）23230917
通信地址：（300050）天津市和平区睦南道 28 号天津外国语大学语言符号应用传播研究中心